U0938982

商战心理操控术

3 SECONDS TO CONTROL

3秒钟控制对方

【日】内藤谊人 著　赵净净 译

南海出版公司
2013 · 海口

用这里介绍的“最尖端”心理学，解读对方的心理，你的人际关系和工作环境将得到全面改善！

很久以前，人们就广泛认识到了心理学在商务领域中的重要性。这是因为，人们开始认识到，心理学法则能为营业、销售、商品开发、组织关系的协调、顾客心理解读等各种各样的领域，提供具有实践意义的指导。

并且，在当今网络时代的商务中，心理学知识越发显得不可或缺。在Facebook等社交媒体蓬勃发展的现在，仅依靠公司组织就能建立起合作关系的时代已经结束。笔者认为现在是一个商人不互相揣摩心思，事业就根本无法进展的时代。可以说，心理学知识将在今后的商务活动中，发挥如中世纪大航海时代的航海图和罗盘针一般的作用。

然而，尽管对心理学有如此高的需求，以“商务心理学”为主题的书却异常的少。的确，贴着“××心理学”标签的书并不少见，甚至随便一找就能找到一大摞，但提及内容，却几乎都是与心理学无关、贯穿着自我启发式内容的书，很多书让人读罢不禁发问：“这也叫心理学？”不免心中充满遗憾。

有人会问：“从专业书籍中，总可以学到商务心理学了吧？”其实不能一概而论。原因在于，专业书籍内容往往过于高深，若非熟悉实验计划法和心理统计学的人，只会对此感到莫名其妙。所以，尽管“希望学习商务心理学”的需求出乎意料的高，但是，能够满足这一需求、面对一般读者、浅显易懂的入门书却几乎没有。

在这样的背景下，笔者一直为自己普及商务心理学的努力感到骄傲。并希望能从自己已出版的近200册有关商务心理的书中抽取最重要的精髓部分，并通过把它“图解化”，使更多读者加深对心理学的理解。这次得以实现这一愿望，对我来说是莫大的安慰。

本书以希望认真学习商务心理学的人为对象，选用了大量的图表和插图，同时网罗了最新的研究成果，希望读者能够吸收这些浅显易懂的知识，这也是编辑本书的目的所在。本书中的内容，无论在什么样的商务场景中都能运用，不仅如此，任何一个读者都可以灵活运用。以本书作为参考，学会从心理学的视角看待身边的事物，定能让大家在工作中取得新的进展。

内藤谊人

目录

第3章 让对方100%说“YES”！

“权利逻辑的心理战术”

★组织论

第5章 克服心理的弱点！“心理训练法的心理战术”

★障碍的突破

★情绪控制

★人际关系

★解压

★提速方法

★能力开发

第1章

在谈判中站在“绝对优势地位”！

“高压攻势的心理战术”

人与人之间存在“实力”的差异。

实力差的人要想取得成功，就必须采取某种“战略”，

以此为目的的心理学战略就是“高压攻势”。

“高压攻势”产生于尊奉绝对胜利主义的美国。

一个人仅靠认真和诚实，是无法胜利的。

要想成为“有能力的人”，必须要有胜人一筹的思维，

必须学会运用一切技巧。

本章将为你介绍在高压攻势中赢得心理战役所必须的技巧。

谈判的表现艺术① 顺利谈判艺术

谈判前，用令对方喜欢的闲聊营造轻松的氛围

人会在很大程度上受到氛围的影响。谈判之前，应尽量聊令对方感兴趣的话题。对方的心情会因此缓和下来，有利于谈判顺利进行。

在哥伦比亚大学教授心理学的Stephen Holloway博士和他的同事，举行了一个两人一组的游戏。游戏规则非常简单，即从红色按钮和绿色按钮中任意选一个。

① 如果两个人同时按下绿色按钮，那么两个人将同时获得1美元。

② 如果两个人同时按下红色按钮，那么两个人将同时被扣去1美元。

③ 如果一个人选择绿色按钮，另一个人选择红色按钮，按下绿色按钮的人将被扣去2美元，而按下红色按钮的人则将获得2美元。

也就是说，只要两个人同时选择绿色按钮，那么双方都不会有损失。而如果一方情愿承担风险，也要胜过对方的话，他就会选择红色按钮。

游戏过程中，禁止双方语言交谈。并且，在游戏开始前，分别给他们听一组令人高兴的新闻和一组令人难过的新闻。事实上，这是游戏中的一个程序。

结果表明，听了令人高兴的新闻的人，更容易默契地采取合作的作战方式。

在商务谈判和谈话前，假装闲聊，向对方讲一些令其感到温馨的趣事，就可以在温馨的氛围中开始谈判了。

事前的话题带来的效果

	竞争型	合作型
令人高兴的话	23%	77%
令人难过的话	46%	54%
什么都不说	44%	56%

(出自：Holloway. S., et al.)

在“主场”举行谈判，占领心理上的优势

人到了陌生的场所，不免会紧张起来。举行谈判，应尽量请对方到自己公司。因为那里对你来说，是一个“优势空间”。

体育运动中，把对手的区域称为“客场”，而把自己的区域称为“主场”。多次调查结果表明，在“主场”参加比赛更容易获胜。

田纳西大学心理学家科罗伊和圣德斯德姆进行了一项让大学生们开展讨论的实验。

这项实验在大学宿舍举办，分为“在自己宿舍参加讨论的小组”和“到对方宿舍参加讨论的小组”。他们悄悄用录音记录了在自己宿舍参加讨论，和作为客人到这里参加讨论的人的发言量。

结果，在自己宿舍的人能够自由地畅所欲言，而作为客方的人，却迟迟难以融入进去。并且，当有不同意见出现时，在自己宿舍参加讨论的人，绝大多数都会增加发言量。

这一实验结果，印证了在“主场”进行谈判，能够占领心理上的优势这一假设。把对方请到自己这里来，我方的攻势自然而然就增强了。

公司高层领导之所以能向下属下达命令，是因为高层领导拥有“单独办公室”这一优势空间，并且总是把下属叫到他那里去。把谈判对手请到自己公司来，仅此就取得了进一步的优势。这就是“主场”效应。

工作场合的应酬，选择“自己常去的店”，已经成为一种常识。常去的店就相当于自己的地盘，就好比把客人请到自己家里去一样。

谈判的表现艺术③ 芳香效应

演绎“芳香效应”，促使对方让步

与对方交涉时，请灵活运用香味这一小道具。这是因为，香味直接诉诸人的本能，具有在无形中使心灵柔软起来的效果。

与对方交涉时，请灵活运用香味这一小道具。这是因为，香味直接诉诸人的本能，具有在无形中使心灵柔软起来的效果。

在谈判过程中，不仅要做到没有异味，还应该适当巧妙运用香味。原因在于，怡人的香味具有使谈判顺利进行的功效。

美国伦塞勒理工研究的罗伯特·巴伦博士，以40名女性和40名男性为对象，开展了以下实验：每两个相同性别的人组成一组，把他们中的一方设定为经营者，另一方设定为劳动者，进行模拟谈判。并且，一半的人在去谈判场地之前，提前使自己身上散发出一种好闻的香味。

香味是利用通过事先调查确认，用选出的较受欢迎的“新鲜干花”和“雨季沐浴”这两种香水营造出来的。

结果表明，闻到好闻的香味的人们，即使遇到金钱问题也会适当让步，相对于没有异味的场景，更容易减轻在谈判问题上的对立姿态。

如果是女性，在谈判前一定要使用带怡人香味的香水。男性也应尽量在到达谈判场所之前，使身上散发出好闻的香味。

提前采取这种措施，一定能实质性地促使谈判对手妥协和让步。

由于香味能给人类的心理反应带来巨大影响，所以对手会在不知不觉中开始认可你所说的话。

当你不得不和难以招架的人交涉时，请务必使用香味这一小道具，使对方调整步伐，与你达成一致。这样一来，对方妥协的可能性将上升。

但是，值得注意的是，大多数人都不喜欢过于强烈的香味，所以笔者推荐使用清新的花草香味，尤其是男女都可以使用的花香系列香水。

另外，装作很随意地请对方喝气味怡人的咖啡，或吃刚烤制出来的曲奇饼等，也会有良好的效果。

与此同时，这些香味还具有使对方心灵柔和起来的效果，这也是经过调查取证的。可以快速解决诸如“我性格内向，连自己想说的话的十分之一都表达不出来”、“对方一个劲儿地强压，一不小心又让步了”之类的烦恼。

借助香味这一小道具的力量，从生理层面逼近对方就可以了。

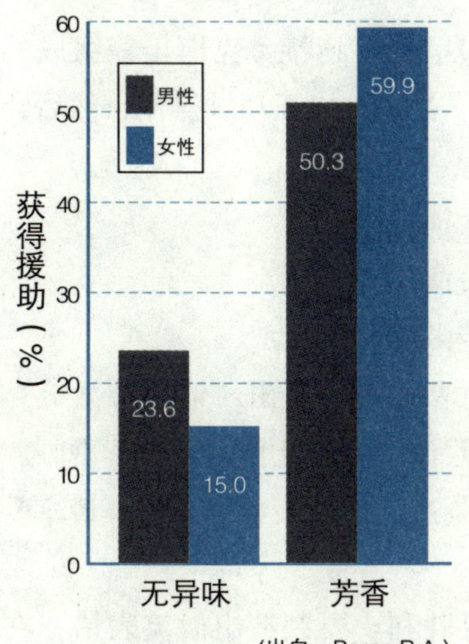

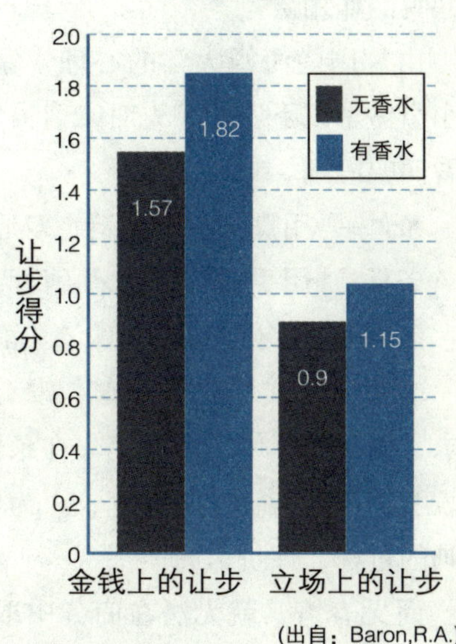

自我表现艺术① 表情

轻咬笔端30秒，打造自然完美笑容

刚开始的时候，有意识地训练笑容，会自然而然地变得从容。对方也会对这样的你有好感，甚至可以获得对方的好评。

假设有这样两位销售员，一位总是面带微笑，而另一位总是板着脸。在两人实力相当的情况下，顾客当然更喜欢面带微笑的销售员。与面带微笑的人接触时，自己的心情也会变好。笑容，拥有能和任何人产生共鸣的作用。

由德国曼海姆大学的心理学家弗里茨·施特鲁克博士等组成的研究小组做了以下实验，先对92名男性学生采取以下巧妙操作，然后让他们看四幅漫画。

条件一 用嘴叼住圆珠笔（双眉紧锁）

条件二 用手拿着圆珠笔（面无表情）

条件三 用牙齿咬住圆珠笔（面带微笑）

为了防止实验假说败露，没有对参加者们提出“请面带微笑”的要求，而是选择使用圆珠笔。在条件假设结束后让他们开始读漫画。结果表明，用牙齿轻咬圆珠笔，人为地制造出微笑表情的小组，最享受读漫画的过程，评价最高。

面无表情，就无法在商务中取得胜利。要制造出微笑表情，在早上上班前或重要谈判前，不妨轻咬圆珠笔30秒钟。这样一来，不知不觉中，心情会开朗起来，微笑的表情也会随之而来。即使刚开始的时候，是有意识地制造笑容，但你也会发现这个世界变得有趣多了。

自我表现艺术② 眼镜的选择

选择合适的眼镜，掩盖自身缺点

如果戴眼镜，请一定要注意选择对商务有益的眼镜。选择一个适合自己脸型的镜框，眼镜就能变成一个演绎“知性”的重要道具了。

美国心理学家戴维·路易斯在《通向成功的身体语言》一书中，对商务人员的仪容仪表进行过阐述。不过，现在让我们先来思考一下眼镜的选择方法。

很多日本人都视力较差，因此，外国人往往对日本人有这样一种印象，即“提到日本人，就想到眼镜”。

既然必须要戴眼镜，还是应该选择对工作有益的眼镜。选对了镜框，不仅能使脸型显得更有魅力，还能隐藏缺点。

选择什么样的镜框，取决于鼻子和脸型。下面介绍4类脸型适合的眼镜。

心理学家哈米德博士，请了一位模特，拍摄了他戴上眼镜前后的照片，然后请很多人对他进行评价。结果发现，戴上眼镜前后评价变化最大的地方在于“知性”。也就是说，可以把眼镜作为演绎知性气质的小道具使用。

眼镜的选择	
圆形	可以用镜框上、下和两侧都呈直线型，角度向两侧收缩的镜框，提高成熟度。
方形	与圆形脸相反，选择有圆润度和曲线的镜框，可以把看起来顽固的形象变得柔和一点。
长形	用大大的、两侧略呈弧度的镜框，使脸型显得短一些，呈现出棱角。
倒三角形	宽宽的额头，尖尖的下巴，用下面呈曲线形的轻镜框，取得平衡，会显得协调一些。

自我表现艺术③ 服装的选择

用男性风格的服装，演绎力量和决断力

在商务场合中，服装所能发挥的作用也很大。穿着富有男性气质、能够展现力量的服装，容易给人以富有决断力的印象。这一点同样适用于女性。

美国迈阿密的桑德拉·福赛斯召集了一批企业销售人员和银行职员，把他们作为应聘人员，为每个人拍照片，并把照片展示给企业的人事经理看，请他们为这些人一一打分，以A[力量]和B[决断力]这两点为基准，从1~4的分值中选择，对其进行评价。

结果显示，在[力量]一项得分越高的人，也就是穿衣打扮比较男性化的人，在[决断力]一项也能得到高分。两项呈正比例关系。

那么，什么样的服装是男性化的呢？首先，颜色较深。黑色或深褐色服装，比如法官和技师的服装。其次，直线型剪裁。条纹就比圆点花纹效果好。也就是说，方方正正的形象，比曲线的、圆滚滚的印象要好。这一点不仅限于西服，眼镜的形状、领带上的花纹、长裤的版型等都同样适用。并且，女性穿长裤比穿裙子的效果好。

同样的原则也适用于体型。偏瘦体型容易给人留下富有决断力的印象，而偏胖体型则相反。

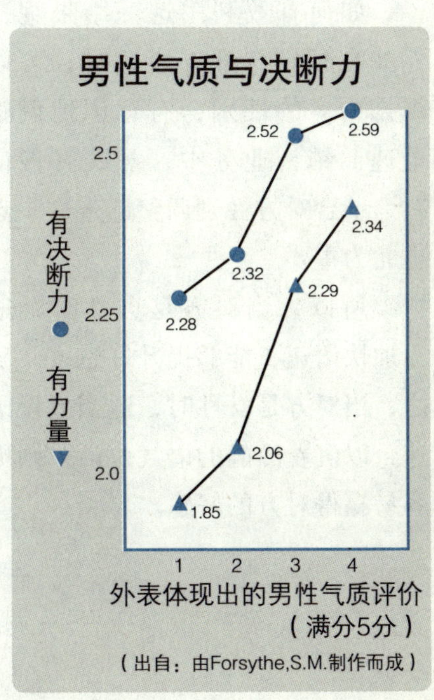

自我表现艺术④ 谈话速度

根据对方的性别，选择恰当的谈话速度

要想进一步获得对方的好感，结合对方性别，采取不同的谈话方式非常重要。一般情况下，男性比较喜欢语速快的人，而女性比较喜欢语速慢的人。

美国马里兰州立大学的斯坦利·费尔德斯坦博士以3名男性和3名女性为对象，进行了一项让他们听某演讲录音的实验。这盘光盘的语速被设定为6种，最快的语速为每分钟200个词，最慢的语速为每分钟100个词。然后，让听光盘的6个人，回答对光盘印象的好感度。结果如下图所示，很明显，男性和女性的答案是不一样的。

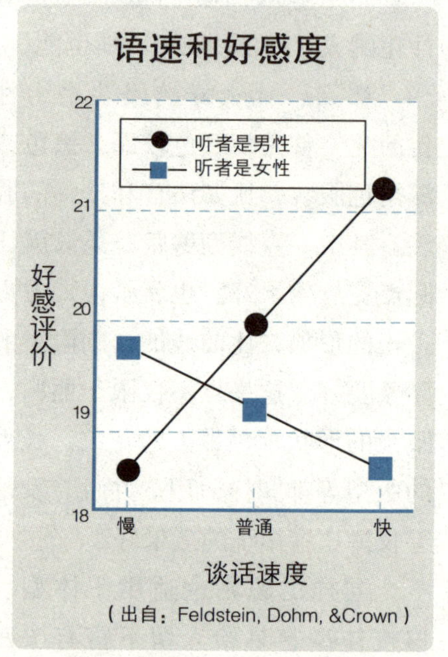

如何有效利用这一结果呢？例如在领导与部下谈话时，可以根据听者的性别，有意识地调整语速。销售业务中，与顾客谈话时，结合对方性别调整语速这一点也尤为重要。

所以，当对方是男性时，适当加快语速，能够提升好感度。反之，当对方是女性时，适当放慢语速，以沉着冷静的语气说话，则更容易赢得对方的好感。

自我表现艺术⑤ 强有力的谈话之道

用强有力的谈话，操纵对方的心理

在谈话中加入抑扬顿挫或提高音量，能增加谈话的力量。不过，在这里，我们将从心理学观点出发，考察能使人感受到力量的表现方式。

北卡罗莱纳大学的邦尼·埃里克森博士等组成的研究小组认为，给对方留下软弱印象的表现有以下四种：

① 强调表现…… “很……” “非常……” “很多……”

② 围墙表现…… “我想……” “我觉得……”

③ 犹豫表现…… “嗯……” “那个……”

④ 问题表现…… “是……吧？”

相反，让人感受到力量的表现，则是不包含上述的表现。

关于模拟判断的记述，研究小组还分别写了包含这类表现的和不包含这类表现的两篇文章，让学生们读，并请他们判断文章的可靠性和对文章的喜爱程度。

从右图学生们对可靠性的评价可知，用这四种表现说话，将无法获得对方的信任。

要想使对方感受到你谈话的力量，用断定性口气简短地陈述这一点非常重要。把一段谈话分割成很多短句，可能会有些乏味，但这是使对方感受到力量的有效技巧。

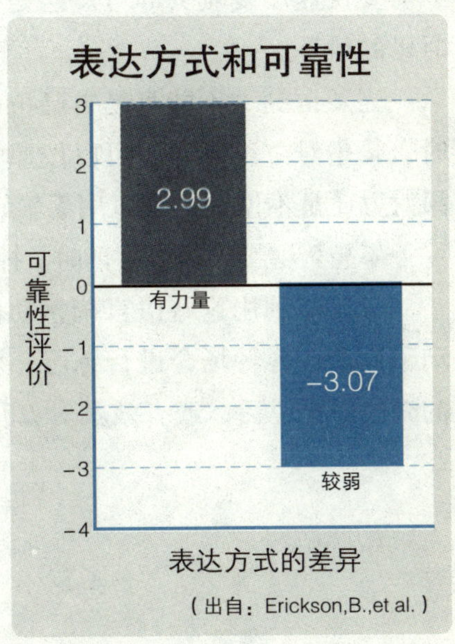

（出自：Erickson,B.,et al.）

身体语言 手势

通过“手势”掌控谈话

巧妙使用语言调整动作，可以使对方早点开口，或早点结束谈话，按照你的想法，随心所欲地掌控谈话节奏。

谈话经常被比作投接球游戏。在投接球游戏中，如果投球速度过快，不仅会导致对方无法接到球，而且若自己一个人一直拿着球，投接球游戏本身也就不成立了。

同样的道理，在谈话中，是否能顺利把发言权交给对方非常重要。可以在这样的场合中加以利用的，就是“语言调整动作”。

它指的是为调整谈话而使用的动作。下面，将分几种情况，分别介绍各种情况下的语言调整动作。

说话者不紧不慢地说个不停，而你根本无暇去听他所说的话时，只需要快速反复点头即可。这是在希望对方赶紧说完，或直接说重点时候的信号。

当意识到“不能只是自己一个人说”时，应该把发言权交给对方时。希望对方讲话时，可以按照下页中的介绍，向对方传达意思。如果对方还是不说话，可以用手轻轻触碰对方的身体。

不想再继续听对方讲话时，捏一下鼻子或耳朵也能传达这层意思。

只要能利用这些语言调整动作，就能随心所欲地开展一切交流活动了。请在各种场合进行练习，可以按照自己的心意，让对方在一定的时候停止说话，或者鼓励对方开始发言，让自己变成倾听者。

通过“手势”控制谈话节奏

希望对方尽快说出重点

快速重复点头的动作。相反，慢慢地点头则是“你说的话很有趣”、“还想接着听，请继续”的信号。

想转让发言权

降低声音，放慢语速，拉长最后一个音节的发音，垂下视线，说完最后一句话时盯住对方的眼睛。

希望喋喋不休的对方停下来

试着伸出食指。这对对方来说，是“我可以插句话吗”的意思。

想传达已经不想再听下去的意思

胳膊挽起来抱在胸前、视线一直向下、不停晃动翘起的二郎腿等，向对方传达“好无聊”的信号。

希望对方继续听自己讲下去

把手放在对方胳膊上，轻轻摁住的姿势。这是“我还没说完，稍等一下”的信号。

魅力提升术① 好感表示法

掌握“自我演出法”赢得对方好感

心理学上，有一个法则叫做“好感的回报性”。不停地发现对方的优点，并向其传达好感。你传达出去好感之后，定会收获几倍于此的回报。

在商务场合的集中攻势中，最重要的莫过于如何从对方那里获得好感。一些专家指出，使对方感受到好感的演出技巧（表演），才是力量的源泉。

伊利诺伊州立大学的女性心理学家苏珊·斯普莱彻博士，以381名大学生为对象（其中男性140名，女性241名），针对他们与五年内结识的好朋友之间的关系做了一个调查。

下页中列出的条目为决定朋友魅力的因素。从这一结果可以看出，“与自己相像”这一相似性的条目很多。也就是说，要想让对方感受到好感，强调与他的相似性非常重要。例如：用“我和您的意见一致”、“您老家是××的吗？我也是呀。感觉好亲切呀”、“听说有相同的爱好，我真是太高兴了”等诸如此类的话，活跃一下气氛，最起码不会因为第一印象而被对方拒绝。

想必很多销售人员都收到过“欣赏你的客户”的建议，这是因为，学会欣赏对方是一件非常重要的事。能够做到欣赏对方的秘诀，在于兴趣。

“他是什么样的性格呢？”

“他午饭吃了什么呢？”

“他有没有儿子呢？”

从这些细小的兴趣开始，慢慢接触对方，真正欣赏起对方的可能性会逐渐扩大。并且，只要你先开始表达好感，对方肯定也会对你有好感。

不过，这里需要特别注意的是，对对方的好感，如果不切切实实用语言传达给对方就毫无意义可言。只在心里想“真是好人啊”，是不够的，只有向对方传达了这一想法，才能产生效果。

“我这个人特别认生，可是见到您以后，完全没有初次见面的感觉”、“一提到××先生，我的心就踏实多了”，像这样，用语言如实地向对方传达好感，只要对方不是特别讨厌你，都会高兴地接受的。

决定朋友魅力的因素

项目	魅力的因素
①热情，亲切	3.53
②相互的好感（对方和自己都彼此欣赏）	3.26
③态度和意见与自己相似	3.15
④兴趣与自己相似	3.11
⑤知性	2.90
⑥社会性技巧与自己相似	2.82
⑦家庭背景等与自己相似	2.80
⑧野心家	2.58
⑨住得很近	2.55
⑩外表魅力	2.40
⑪资产	1.43

魅力提升术② 好感获得术

赢得对方好感的“变色龙效应”

人大都具有喜欢与自己相似的人的倾向。因此，利用模仿对方说话的腔调和说话方式的“变色龙”效应，能够使对话顺利进展下去。

纽约大学塔尼亚·恰特兰德博士开展了这样一个实验。让事先获悉实验意图的捧场人，和对此一无所知的实验对象进行对话。根据指示，其中一个捧场者模仿对方，而其他捧场者不模仿。所谓的模仿，是指声调、说话方式等。

对话进行了数分钟后，让实验对象判断是否对对方（捧场者）有好感，请他们做了一个满分为9分的测评。结果显示，模仿的人获得了6.62分，而没有模仿的人仅获得了5.91分。并请他们就谈话是否顺利进行这一点，再次做了满分为9分的测评，模仿的人获得了6.76分，而没有模仿的人仅获得6.02分。

博士把这种模仿效应命名为“变色龙效应”。

人大都具有喜欢与自己相似的人的倾向，“变色龙效应”就是一个佐证。具有相同效果的还有“镜子效应”，是指从手势、仪态等方面模仿，容易赢得对方的好感。

赢得对方好感的谈话

	谈话		
	模仿		不模仿
谈话后的好感度	6.62点	>	5.91点
谈话的顺利程度	6.76点	>	6.02点

※9点为满分。

（出自：由Chartrand,T.L.,et al.制作而成）

魅力提升术③　镜子效应

模仿对方的姿势，赢得共鸣和信赖

通过采取与对方相同姿势的“镜子效应”和采取与对方相反姿势的“互补镜子效应”的训练，可以获得对方的共鸣和信赖。

心理学上，把两人以上采取相同姿势的行为称为“镜子效应”。例如，其中一方抱起胳膊的话，另一方也会抱起胳膊。这种姿势的反应动作被称为“镜子效应”。

镜子效应，是基于赢得对方好感基础之上的有效商务战略。

首先，不妨偷偷模仿你想留下好印象的对方的姿势。这样一来，令人不可思议的是，不仅可以赢得对方的共鸣，还能赢得对方的信赖。

美国心理学家路易斯博士指出，通过灵活运用镜子效应的效果，商务谈判中达成共识的概率能提高50%，展销会上，吸引对方兴趣的机会能增至2倍。

此外，镜子效应中，还有“互补镜子效应”这一战略，即采取与对方完全相反的姿势，这一点请务必牢记。例如，当对方头向后靠时，你可以向前倾。无数个试验报告结果表明，相对于单纯的镜子效应，“互补镜子效应”具有更好的效果。想要掌握商务场合中具有实践性的镜子效应，最好除了单纯的镜子效应，还同时训练“互补镜子效应”。

演讲技巧① 动作法

用“大幅度动作”表现自我

虽然会有点不好意思，但通过动作，不仅可以把对方的注意力吸引到商品上，还可以吸引到你本人身上。

众多心理学实验结果表明，人的注意力容易被“动态的东西”吸引住。

美国有这样一种“表演”，故意加上稍显夸张的肢体语言和手势，迅速把隐藏在舞台某处的东西拿出来，故意制造惊奇效果。

以演说技巧著名的约翰·菲茨杰拉德·肯尼迪总统，很擅长使用“视觉冲击”。他不仅能灵活运用手势表达出自己想表达的内容，还经常用左手拍右手的动作，展现出强大的力量。大家可以好好学习一下这种演技。

商品展销会，不仅是介绍产品的场合，同时还是推销你自身的表演。

除此以外，使用手的场合，大致有以下几种战略，请知悉。

① 自上而下移动手掌或手指，能够表现出“力量”和“权威性”。

② 自下而上抬起手掌或手指，能够表现出“亲切”和“热情”。

③ 横向移动手掌或手指，能够表现出“接受”和“共鸣”。

在无论如何也无法让步的谈判中，或想使犹豫不决的对方快速做决定时，从上至下轻拍手掌的动作比较有效；在想向对方表现“热情”的情况下，只需要做出抬起什么的动作即可。无论如何，动作要尽量夸张一些，动起来，表现自我。

① 力量，权威性

② 亲切，热情

③ 接受，共鸣

演讲技巧② 姿势

“具有平衡感的姿势”能使看者的心安定下来

演讲中，一定要注意保持左右平衡的姿势。虽然一直笔直地站着，一动不动会比较痛苦，但是具有平衡感的姿势具有安定看者内心的作用。

我们具有喜欢平衡姿势的倾向，平衡感越好，我们会认为越美。这在心理学上称为“平衡原理”。

新墨西哥大学生物学教授兰迪·宋希尔博士等进行的实验得出了以下结果，即左半身和右半身保持对称性，对赢得对方的好感至关重要。

由此可以分析出，无形中给听众带来不悦的，恐怕正是缺乏对称性的姿势。

近年来，由于长期伏案工作，姿势随便、毫无平衡感的人越来越多。所以一定要注意，哪怕只会见很短的时间，也要尽量有意识地保持身体左右平衡。

演讲中万万不可出现的姿势
●斜倚在墙上
●一只手撑在讲台上
●盘起脚
●挽起胳膊
●歪着头（女性的话，可以给人好感）
●一只胳膊放在桌面上
●斜靠在椅子的一侧
●握着话筒的状态（另一只手上加一些动作，努力保持平衡）
●一只手向后挥舞
●一只脚往前伸

演讲技巧③ 说话方式

照本宣科对听者来说无聊透顶

一直低着头讲话，对方不可能感受到任何力量。如果想成为一名出色的演讲家，至少请先停止照本宣科的做法。

千万不要像有些政治家那样，一直低着头，照本宣科地读原稿。

理由有两个。首先，无法与听众进行眼神交流。眼神交流是提高亲密感和共鸣的有力武器，岂有自动放弃使用这一武器的道理？其次，一直读原稿的话，身体语言也将失败。没有身体语言的演讲是无聊至极的。

根据神经语言学中明确验证的数据，相对于听觉，人们更擅长使用视觉。因此，与其过度注意措辞，还不如把精力分散到身体语言等具有视觉效果的表现上，对听者带来的冲击会更大。与此同时，如果话筒是移动式的，演讲时可以离开讲台，让观众看到自己全身的动作，会更有说服力。

演讲中，一只手拿话筒，另一只手放松的姿势，是最理想的。有的人喜欢一边演讲，一边随意拨弄话筒，这样会给听众带来神经质的印象。巧妙地加以使用，话筒会是一个效果良好的小道具。不使用时，可以把它放在讲台上，增加身体语言。

完全不考虑原稿或结构而随意发言，会显得轻率。但是，一旦拿起准备好的原稿，难免会照着原稿读。因此，应该把原稿内容摘要列出来，做成一个小备忘录，然后把它带到演讲台上。这样就避免了照本宣科现象的发生。

演讲技巧④　照明效果

在演讲的最后打开照明灯，把现场环境调亮

运用视觉物体的演讲效果良好。只需要在演讲的最后，打开照明灯。如果在黑暗中结束，对方脑海中会留下黑暗的印象。

宾夕法尼亚大学的调查表明，运用视觉物体的演讲，有下表中列出的4个优点。

明尼苏达大学的调查也证明，运用视觉物体的说明，比不用的情况下的说服力提高43%。

也就是说，用具体可见的形状，比只诉诸耳朵的演讲，效果要好得多。因此，工程师等应该多加利用这一形式。

不过，有一点需要注意。有的人喜欢在室内光线昏暗的情况下结束演讲。这一点非常不好。在室内光线昏暗的情况下结束报告，会给人留下昏暗的印象。

我们的记忆，在开始和结束时较为敏感。因此，在昏暗的环境下结束演讲，昏暗的印象就会一直残留在对方的脑海中。

即使多花点时间，也要先把照明灯打开后，再结束演讲。打开照明灯，不仅能够调亮室内环境，还具有提高演讲人“力量”的作用。

运用视觉物体演讲的4个优点

❶ 容易得到结论　❷ 更容易获得同意

❸ 演讲者会得到更好的评价　❹ 给聆听者留下好的印象

演讲技巧⑤ 听众掌握艺术

运用“AM理论”，解读听众的心理

运用AM理论，可以在很大程度上抓住听众的心理。学习这一理论，并在会议、演讲等场合多加运用吧！

从所坐的位置，可以判断这个人是什么样的人。这就是“态度地图（Attitude Map）理论”，简称为AM理论。

① 从演讲者的位置看，坐在左侧的人，大多是抱有好感，持支持态度的人。

② 从演讲者的位置看，坐在右侧的人，大多是不支持，持反对意见的人。

③ 反对派的核心人物，坐在右侧正中间。

④ 坐在演讲者正对面位置的人，多是持理性态度的人。

⑤ 坐在右侧后方的人，是旁观者。但是如果忽视了他们，他们后来会转成反对派。

因此，要想获得听众的认可，应该尽量多和坐在左侧的人做眼神交流。

当会场内气氛不是特别活跃时，应尽量面向坐在右侧后方的人。可以把持中立态度的他们拉拢过来，变成支持者。

由于坐在右侧的人，不知为何总是持严厉的批评态度，在尚未习惯演讲之前，尽量无视他们的存在，也是一种战略。

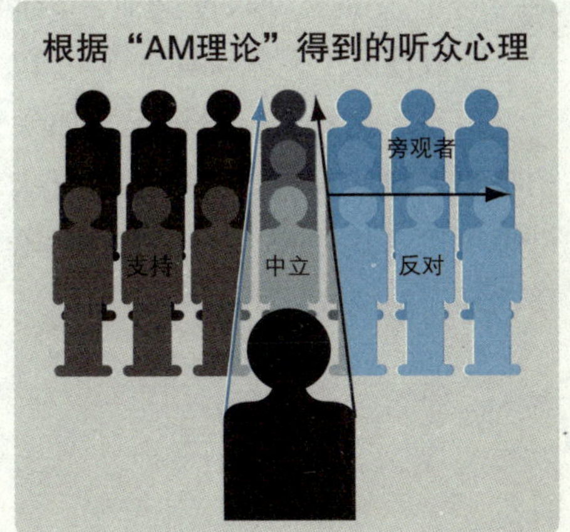

人心掌握术① [怯场]防止法

视线呈“Z”形移动，诉诸听众内心

按一般情况，当听众从前往后坐时，演讲者应从最左边内侧开始移动视线，按照顺序呈Z形移动即可。这时需要注意的是，要缓慢而柔和。

很多人一对一讲话时不紧张，但一站在众多的听众面前，就无法顺利演讲。这是很自然的。因为当所有的视线都投向自己时，会产生巨大的压力。但是，过于紧张不仅会失去听众的信赖，而且一直盯着一个地方看，也不太自然。

因此，每说一句话就与一个人进行眼神交流，然后把视线移向旁边的人，这种做法不仅最自然，看上去也很美观。这个法则叫做“一句话，一个人”。

呈Z形移动视线时，有以下几点需要注意。与一个人眼神接触后，呼吸一口气，然后将视线移向下一个人。当视线交汇时，展示一个自然的微笑。因为快速把视线移走，会使人产生不愉快的感觉。当听众很多时，只盯着两三个听众的中间位置即可。并非必须一丝不苟地与每个人都进行眼神交流。时间上，每隔10～15秒钟移动一次即可。一般情况下，人说完一个句子，需要15秒钟的时间。

但是，这只是一般情况。如果无论如何都会怯场，那就索性边打招呼边寻找认真听自己讲话的听众，只和那个人进行眼神交流进行演讲也可以。这样持续一会儿，等心情稍微放松一些后，再呈“Z”形移动自己的视线即可。

人心掌握术② 间接说服艺术

当目标人物难以对付时，不妨先和他身边的“秘书或熟人”搞好关系

正如古语“射人先射马”所说，间接进攻法，在结果上，有时候更能够节约精力和成本。

当对方顽固不通融，很难对付时，借助第三者的力量，往往能使对话顺利进展。例如，先和最有影响力的秘书搞好关系，不仅可以知道对方的日程安排，还可以提前获悉他心情如何等。这些都是非常重要的信息。

另外，假如你最大客户的孙子在收集国外的邮票，你也可以直接送邮票给他。可以说“我平时也集邮，不过最近兴趣转到别的地方了”，这样就不会有贿赂的嫌疑，可以使对方顺利收下。即使他本人并不高兴，也可以通过使他孙子高兴来牵制他的行动。某些情况下，给他妻子或孩子送礼物效果会更好。

在直接说服几乎不起作用的情况下，不妨先和客户的秘书、熟人搞好关系，由他们去求他本人，事情会顺利得多。日本被称为人情社会，某种程度上，的确是人脉越广，做成生意的机会就越多。

心理学家的实验证明，相对于直接的说服，我们更容易被间接的说服打动。因为与直接的说服相比，间接说服没有太多的强加性，所以容易听进去对方的话。

当谈判眼看就要触礁时，请第三方来做判断或调停，通常能比只和当事人交涉更快解决问题。

人心掌握术③ 讨好艺术

与其讨好前辈和上司，还不如对后辈和部下亲切一些

大多数人讨好的对象都是上司。但是从结果上讲，比起讨好上司，讨好部下更容易获得良好的评价。

荷兰心理学家露丝·冯库博士，围绕一个名为鲍尔的假想人物，作了一些记录，然后拿给大学生们看。她把鲍尔设定为一个中层经理，并记录了他日常生活中的20个行为。内容有消极的，也有积极的，条件为下表中的5条。请读过这两种记录的大学生，分别对鲍尔做出评价。结果显示，学生们最反感的是，条件②“对上司积极，对部下消极”一条。

只一味讨好上司的行为是绝对应该停止的。这样甚至还不如既不讨好上司，也不讨好部下。相反，即使激烈顶撞上司，只要对部下比较亲切，这样的行为还是会受到好评。

对上司和对部下同样亲切当然最好，如果做不到的话，那就选择对部下亲切一些吧！

对“讨好行为”的评价

鲍尔的记录	好感评价（满分7分）
❶ 记录全是消极的	2.33
❷ 对上司积极，对部下消极	2.08
❸ 对上司和对部下都既不消极也不积极	3.73
❹ 对上司消极，对部下积极	4.45
❺ 记录全都是积极的	6.00

（出自：Vonk,R.）

“奉承”，是让对方高兴的最强技巧

最容易遭人讨厌的是不会赞扬别人的人。反过来，能够从内心深处赞扬别人的人，绝不会遭到别人的厌恶。

阿肯色州州立大学市场学科的卡麦勒舒·科默教授和北得克萨斯大学的迈克尔·拜尔林，从各种企业中召集了716名商务人员作为调查对象，调查了这样一个问题——“你为了让上司高兴，会采取什么样的行动？”

结果显示，商务人员经常使用的“讨好术”中，最具代表性的例子是：①意见同步，②亲切行为，③奉承。

受到过你奉承的人，肯定会喜欢上你。因为没有人会讨厌赞扬自己、对自己亲切的人。也许对方嘴上会说“快别奉承我了”，其实他内心应该会想“这家伙人很不错嘛”。

与此同时，科默和拜尔林从已经过验证，可以赢得对方好印象的“讨好术”中，选出后表列出的效果最好的5种。

此外，关于讨好上司的技巧，得克萨斯州立大学商务学的萨姆·格鲁特博士和拉里·彭勒博士，根据电话薄上800家公司的电话，调查了5000名对象，得出如右页中促成“加薪”的5种行为。

从这一调查结果可知，奉承的确是一项强有力的技巧。被奉承的人，即便知道这只是奉承也不会因此生气。可以说，只有能从内心深处发出感叹“你真是个好人”的人，才是能成功奉承上司的人。

讨好上司的方法

❶ **意见同步**

“我的想法与您一样”或“英雄所见略同”、“确实是这样”等。

❷ **亲切行为**

过年过节不忘送点礼物，工作上提供帮助等。

❸ **奉承**

“真不愧是……”、“您考虑得真周到”等。

（出自：Kumar,K&Beyerlein,M）

给上司留下好印象的讨好方法

第1 即使上司讲的笑话并不好笑，也发自内心地笑一下。

第2 夸张地称赞上司引以为傲的性格和物品。

第3 告诉上司别人对他的好评。

第4 帮助上司找好住处。

第5 寻找一切可以称赞上司的机会。

（出自：Kumar,K&Beyerlein,M）

帮助加薪的讨好方法

- 穿和上司一样的衣服。
- 培养与上司相同的兴趣。
- 关心上司的业余爱好。
- 多向上司请教。
- 在上司面前努力工作。

（出自：Gould,S&Penley,L.E.）

专栏 1

无论男女，外貌都会影响自身职业发展和收入

以容貌和出世的关系为主题，匹兹堡大学的艾兰·弗里兹，进行了这样一项调查。他把737名大学生的毕业照给很多人看，然后请他们从5个阶段对容貌的魅力进行评价。然后，再把这737名大学生毕业五年后的年收入分5个阶段评价的结果，与之前的调查结果对应起来。

结果显示，在容貌的5个阶段中，获得满分5分的英俊男士，年收入比获得1分的人高一万美元以上，比得4分的人高5200美元。女性中，获得5分的美女，比获得2分的人年收入高4200美元。也就是说，长得越漂亮，收入就越高。

围绕相同的题目，格鲁吉亚大学的迪基·布兰特也做了一个容貌与出世关系的调查。利用129名学生的照片，调查了毕业12年后他们的成功程度。只不过，不同之处在于，由他们本人判断自己是否成功。调查结果显示，容貌与成功的相互关系是27%。作为能否成功的决定性因素，剩下大约七成是由容貌以外的因素决定的。尽管如此，不可忽视的是，仅容貌一项，就占了成功因素中的近三成。

容貌与收入的关系

英俊程度（满分5分）	与得1分的人之间的收入比较
5分男性	高一万美元以上（年收入）
4分男性	5200美元以上（年收入）

（出自：由Frieze,I,H.,et al. 制作而成）

专栏 2

通过心理训练法，使收入提高成为可能

在加拿大科恩克鲁迪亚大学教授心理学的丹尼尔·罗伯茨和布兰德·唐纳鲁德，做了一个关于想象力与收入之间关系的调查。例如，看到“森”这一词汇，是否能想象出树木森森的样子和一泻而下的阳光，及至吹拂而过的风。然后分析了想象力和收入之间的关系。一共有368名调查对象，根据能否清晰地想象出这些场景对他们打分，满分为5分。收入方面，取前10%的高收入，和10%的低收入，把位于两者之间的部分分为三组。

结果显示，想象力越高的人，收入越高。想象力高的人，在工作中的创造力也较高，并具体表现在收入上。

想象力，可以通过一种精神训练法加以提高。“森”这一字眼，到底能唤起什么样的想象呢？想象自己实际在森林中漫步的场景，并试着描绘出那个场景的每个细节。只要养成不断想象的习惯，想象力自然而然也就提高了。

想象力和收入的关系

想象力（满分5分）		收入
3.18	高	6970加拿大元
2.09	普通	5600加拿大元
1.20	低	4700加拿大元

（出自：由Roberts,D.S.&MacDonald,B.E.制作而成）

第2章

瞬间看穿对方的“真实想法”！

“瞬间判断的心理战术”

心理学上，把在一瞬间读懂对方心思的技术称为“瞬间判断”。

以极少的“线索”为基础，

解读对方性格、内心所想、行为方式等。

这在人际关系上也非常有效。

如果能巧妙地加以运用，就能结合对方的情况，顺利地采取应对措施。

这是掌握构建人际关系中所必要的技巧。

性格把握① 说话方式分析

从说话神态判断对方心理的要点

对方在传达信息时，不仅要关注语言，还应从对方说话的神态等方面揣测对方的心理。接下来，我们来思考一下具体方法。

只要用心观察语言的气势、声音的大小等细微之处，就能获得比单纯听到的信息更多的内容，更好地读取对方的心声。

一味相信谈话内容的话，就会看不到对方的真实意图。因为在谈话内容上伪装、说谎并不是多么困难的事。但是，传递这些内容的声音和神态却很难伪装，只要认真观察这些，就能看穿对方的真实想法。

如果能参照第46～47页的表，从对方说话的神态掌握他的内心，你的人际观察能力将获得飞跃性进步。

由于可以看出对方是否在说谎或欺骗，也能减少被人欺骗和玩弄的次数。这样一来，你和对方的谈话就能顺利进行了。与此同时，请务必牢记，做判断时一定要尽可能做到绝对客观。

我们在面对讨厌的人时，由于想要印证对方很讨厌这一点的心理作祟，会故意选择用否定性的眼光去看他。最好不要用“看吧，你这个人就是不行”这种先入为主的观念，故意做出为了印证这一点的判断。

另外一点需要注意的是，当自己心情比较激动、有起伏或比较浮躁时，有做出千篇一律的判断的倾向。

自我意识

过强的强权主义

自恋

依据说话神态做心理判断

爱说话	重视自己从说话中获得的满足感，自恋倾向较强。
爱传小道消息	由于对自己不满意，试图通过说别人的坏话，把别人拉下水。
爱暴露秘密	自身心理上存在不安稳的倾向，多为内心提心吊胆的人。
不清楚的事，也装作很懂	装成一副智者的样子，实则不然，容易轻视别人。
说话爱绕弯儿	缺乏决断力，讨厌把事情闹大，爱面子，喜欢维持现状，比较保守。
说话叽叽咕咕	超爱面子，大都是即使内心非常生气，表面上也不表现出来的人。
不爱说话	极度爱面子，大都是自我意识过剩的人。不容易接受新人、新观点和冒险行为。
说话没力量	如果是女性，属于社交型或敏感型。如果是男性，没有很明显的特征。
说话一板一眼	说话一板一眼的人，无论男女，要么很冷淡，要么做事畏首畏尾。
带撒娇的说话方式	无论男女，大都比较容易背叛人，很难得到别人的信任。
因紧张而走调的说话方式	男性：比较容易动怒，顽固。女性：比较容易兴奋，具有较好的理解力。
语速快	无论男女，都是外向、活泼的，大都给人富有活力的印象。

威风十足， 陈述坚定的意见	①其实并不相信这种意见。②有什么事隐藏着。能说出“绝对”一词的人，是因为他自己也认识到其中有错误了。
持抽象论	针对具体的问题，用抽象论进行回答的人，具有较强的“自我保护”意识。
被人问到时，即使对方没有催促，自己仍要解释一番	①对自己的回答没有自信。②撒谎了。③特别在意对方的反应。
既不肯定也不否定	①被问题难倒了，或心情不愉快。②没有明确的答案。③缺乏积极性，对自己的意见没有自信。
对简单的问题，做出夸张的反应	①自我表现欲较强。②不带有任何感情色彩的发言（连自己都不相信自己的发言）。
说话语气非常强硬，最后却换成疑问句	嘴上很强硬，实际上对自己所说的话并没有十分的把握。
回答的全是模范答案	这种类型的人，大都根本没在意对方说的是什么，而是在专心练习自己提前准备好的台词。
谈话永远表面化	压根不想让对方看出自己的真实想法，戒备心很强，具有神经质的倾向。
传达自己的真实想法 （“我认为”，“我觉得”等）	希望和对方开门见山，希望对方理解自己的想法。
语言前后一致性高	很少对他人产生共鸣，顽固地坚持自己的意见。
多用第一人称 （“我”“我的”等）	自我意识过剩，容易突发急性心脏病。自我主张很强，具有不轻易认同他人的倾向。
对所有事物都持反对意见	根本没有与对方协商的意识，大多是抱着权力不放。

性格把握② 关键词分析

从对方的“口头禅”解读他的内心

认真听对方讲话，注意观察有没有1分钟内出现3次甚至4次的词语。可以根据这些口头禅，解读对方的心理。

口头禅，最容易出现在前缀、接续助词、形容词和动词这四类词形中。此外，虽然也有个人差异，但口头禅出现的地方，大体是固定的。

认真听对方说的话，注意观察一下1分钟之内出现3至4次的词语。即使表现方式略有微妙不同，但“绝对”、“确实”、“百分之百”这类措词，也可被视为相同的口头禅，具体见后表。

另外，关于经常使用流行语的人，不用看口头禅，就可以判定他是紧跟流行趋势的人，也就是说，具有善于附和别人的性格。

还有一点很重要，即口头禅不一定只有一个。假设有一个人的发言如下，“那个，关于那个企划书的事嘛，看起来，好像很难理解……”，那么“那个”、“嘛”、“好像”3个口头禅就一跃而出了。

这样的情况下，如果对这些词语一一认真分析，然后做出一个综合评价的话，就能得出精确度很好的判断。与此同时，可以通过口头禅解读对方心理这件事，反过来说，也可以解读自己的内心。

即使自己根本没有意识到，如果“不过”、“无论如何”等词频繁出现，就可以据此认识到自己是自尊心比较强的人。一般情况下，自己很少有机会客观地去听自己所说的话，可以在会议室等场合把自己的发言录下来，会后反复认真听几遍。

体现在口头禅上的深层心理

大体
爱用"大体明白了"这样的口头禅的人，是不轻易改变己见的类型。

后缀
在平常的词语上加上不必要的后缀，这种性格的人容易陷入不安，盲目轻信别人的话。

那个
"那个，之前那件事…"，爱这样说话的人通常比较闷，内向。

恐怕
常见的性格。

意外地
经常说这个词的人，较容易持固定观念或偏见。

也许可以
说话总好像事不关己，模棱两可，八面玲珑。

综合来看
待人接物得体，有礼貌。平时很温和，发起怒来很可怕。

不小心说出来了
总是不满足，并且一直在努力解脱这种感觉。

嗯…
对自己的发言没有自信，对他人的依赖性高。

最
喜欢说"这个最好"之类的话的人，注重秩序，缺乏通融，做事一板一眼。

所谓
说话彬彬有礼，神经质。

然而
神经质，且顽固。

结果
看上去很守规矩，有时也会做出大胆的行为。

反言之
自我表现欲望较强，在团队中必须处于中心地位。

一定
性格活泼，对任何事都跃跃欲试。

完全
自我主张强烈，缺乏协调性。

不好意思
希望人际关系顺畅，心里有些自卑。

可是
注重秩序，一本正经。缺乏幽默感。

极其
冲动、易动怒。

你知道吗?
坚持自己的理解和解释，表面上看上去很顺从，实则不轻易屈服。

决（不）
易感情用事，容易兴奋，与“肯定”、“绝对”是同类语。

非常
好胜，不服输。

然后
“先做那个，然后，再做这个…”，有这种口头禅的人，干脆、易急躁。

然而
保守、只会做已成定局的判断。

其实
做事小心谨慎，考虑周到。不满足。

话虽如此
性格女性化，有时候比较顽固、冲动。

于是
“于是，那时候”，喜欢这样说的人，思维比较灵活。

也就是说
急性子、遇到什么事都急于下结论。

有点
相对于工作受到承认，更重视不出错，可以放心这一点。

但是
只能按照既定规则采取行动，超保守。

虽说
理解事情比较慢，执拗，经常被认为爱拐弯抹角。

没什么
比较自我。

总之
爱讲理，自尊心强，决不允许有人说自己的坏话。

反正
妄自菲薄型，情绪变化大，难以相处。自我表现欲望也较强烈，喜欢被他人认可的感觉。

所以
自我中心，具有独断专行的倾向，孩子气。

换言之
看待事情比较理性，有点自以为是。

这样
“这样，这种感觉…”，突然说出这种话的人，比较执拗、顽固、忘我。

特别
性格比较冲动，轻率，发起火来很难控制情绪。

只不过
自尊心强，容易瞧不起别人。

确实
性格单纯，但有潜在的顽固性。

之类
比较娇气，自主性较弱，做事没有长性。

非常
处事夸张，一点失败就一蹶不振，一点成功就沾沾自喜。

大家
容易依赖他人，很在意他人的看法，缺乏独立，很爱面子。

貌似
很幼稚，自我

比较
竞争心强，决不允许被人愚弄。

只不过
自尊心强，容易瞧不起别人。

是，是
单个“是”是赞同，两个“是”是否认。内心有点顽固。

好吧
比较娇气，性格上依赖性比较强。

果真
自我中心，容易被自己的话陶醉，坚持己见。

倒不如
态度和意见能随机应变，缺乏自主性。

原来如此
多为听不进去别人意见的类型。

性格把握③ 类别操作艺术①

要说服年长者，需先满足“自尊心”

提起“满足自尊法”，大家会认为这是上司让部下行动起来时的专利，其实这一技巧，在面对年长者时也同样奏效。

一般而言，年龄越大的人，越难以被打动。年长者，比起年轻人，无论是经验还是知识都更加丰富。因此，要说服比自己年龄大的人会比较困难。

以新墨西哥大学教授玛丽·哈里斯博士为首的实验小组，以正在单独购物的91名男性和118名女性（年龄为14～81岁）为对象，做了一个调查，即试着说服他们答应做一个非常麻烦的调查问卷。结果如下图所示，基本可以由此断定，年长者具有难以被说服的倾向。

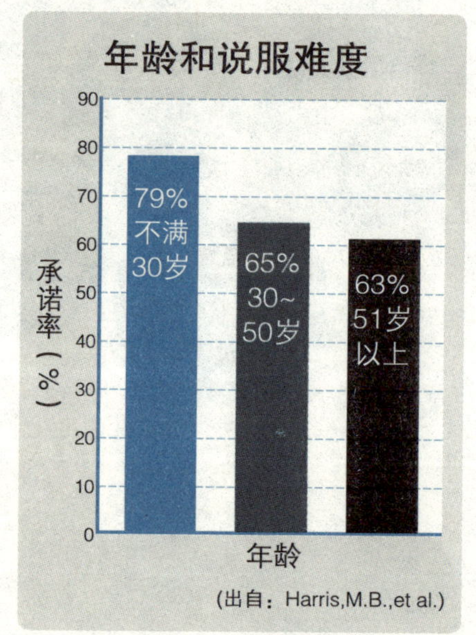

在说服年长者方面，最有效的莫过于“满足自尊法”。年龄越大的人，自尊心越强。因此，先满足他们的自尊心，打造一个令他们高兴的氛围，然后再去说服，就会比较容易成功。

当然，赤裸裸的奉承和拍马屁是行不通的。年长者很容易就能识别出这种谎言。因此，对他们的称赞必须是发自肺腑的。

性格把握④ 类别操作艺术②

对竞争型的人，要用柔和的方式

竞争型的人，具有拒绝一切强压性质说服的倾向。因此，要想打动这一类人，请尽量使用柔和的说服方式。

迈阿密大学心理学家查尔斯·卡弗博士，依据心理测验结果，召集了37名被认定为竞争型的人和50名没有竞争意识的人作为调查对象，进行了一项说服实验调查。

他让每个小组的人听了柔和的说服信息和强硬的说服信息，结果，没有竞争意识的人对任何一种说服方式都全盘接受。但是，竞争型的人，只对柔和的说服信息动心。听到比较强硬的说服信息后，意见立刻变成与说服方向完全相反的意见。

对竞争型的人，不能用下结论的方式说服，而应该用循循善诱的方式说服。

只需以“您也许会有别的看法，但我认为×××这样考虑会比较稳妥”这样谦逊的口气去说服即可。要让他们卸除竞争心理，只需要表现出比较弱的立场即可。“我知道我这样做不对……”只要这样说，对方就会开始听自己说话。

信息的说服力

柔和的说服信息	说服前的意见	说服后的意见	意见的变化量
竞争型的小组	6.78	7.06	+0.28
没有竞争意识的小组	6.58	6.89	+0.31
强硬的说服信息	说服前的意见	说服前的意见	说服前的意见
竞争型的小组	6.47	6.00	–0.47
没有竞争意识的小组	6.42	6.75	+0.33

※意见变化量+时表明被说服后意见改变了方向。

（出自：Carver,C.S.）

类别攻破法① 女性

操控难以对付的女性心理的5个说话技巧

笼统地说是女性，实际上还有各种各样的类型。所以，我们需要解读各个类型女性的心理，并根据这些类型，灵活调整销售方法。

很多男性销售人员会有这样的抱怨：“男性客户一般都能成功做成生意，可一碰上女客户，就顺利不了了。”

说起各自比较擅长的客户层或目标人群，多少会有一些个人差异，不过，认为“女性客户，就交给女性销售员好了”的男性特别多。当然也有擅长销售给女性客户的男性销售员，不过这种人特别少。改变“不知道怎么应对女性客户”这种意识固然很重要，话虽如此，实际开展起来意识改革，又是一件特别困难的事情。

因此，不妨一起探讨一下，如何更快成功卖东西给女性客户的技巧。

右表中，将女性大致分为5个类型，然后列出了与每个类型对应的销售技巧。左侧是女性的深层心理，中间是与此对应的销售要点，右侧是具体的成功对话案例。这些说话技巧，在某种程度上，也适用于对象为男性客户的情况。

每个类型的人，都有各自最薄弱的地方（反映在深层心理上的部分），找到这些弱点，然后瞄准它，销售活动就能顺利开展了。

掌握了读心术的人，平时会自然而然地加以运用，但是，根据对象的不同，变换销售技巧这一点也特别重要。

以女性为目标的销售技巧

深层心理	销售要点	成功对话案例
热衷名牌的女性		
● 自尊心强 ● 想逞强	● 激发起自尊心 ● 通过对比其他商品，进行推荐	“这件商品的设计，给人大气的感觉，特别畅销。” “日本还没有流行起来。”
穿着千篇一律的女性		
● 自卑感强 ● 都市女性意识强烈 ● 拥有某种情结	● 称赞她的气质 ● 强调都市风格	“您的气质非常好，无论选哪个都不会错。” “这一款强烈推荐给都市风格的人。”
经常换发型的女性		
● 优柔寡断 ● 对自己不自信 ● 容易随波逐流	● 说话要果断一点 ● 讲出明确的意见	“这一款强烈推荐给您。” “买了以后绝对不会让你后悔。”
喜欢大手提包的女性		
● 开放 ● 拥有自由的想象	● 不拘泥于常识 ● 有主见，强调新颖性	“提前预售明年的新款式。” “这一款不适合保守的人，但是您穿的话，完全没问题。”
身材胖乎乎的女性		
● 有自我否定的欲望 ● 希望改变形象	● 可以打造出另一个你 ● 颠覆目前的形象	“这件商品，哪怕只是放在您的房间里一下，都能使整个形象焕然一新。” “可以展现出一种截然不同的感觉。”

类别攻破法② 健谈的人

攻破健谈之人的4个建议

如果对方很健谈，那索性耐心听他说就行了。只要你听得很有兴趣，即使你什么都不说，对方也会感到满足。

我们有一半的人际关系，是靠“听”建立起来的。因此，只要掌握了“倾听的技巧”，人际关系自然就会顺利建立起来。

一般来讲，“听”这一行为，会被认为仅仅是听者在接受信息的行为，这其实是一种误解。

“听”，是给予说话者“心理慰藉”的行为。

据伊利诺伊州立大学的苏珊·斯普莱彻分析，只要能耐心地倾听对方，对方就会产生“还想再见到你”的愿望。这被称为“积极的倾听”。虽然这是心理辅导中的一个常用手法，但它是同样适用于商务场合，甚至可以被运用到一切人际关系中。

认真倾听对方所说的话，不仅能给对方带来安心感和满足感，同时还是对对方存在的一种肯定。相反，打断对方的话，即使对方主动交谈也视之不见等行为，会让对方觉得不可靠，伤害对方的自尊心，让他产生自己的存在被否定了的感觉。

那么，如何成为一个优秀的倾听者呢？从心理学角度，有以下4个建议可供参考。

① 不随便转移话题

当对方正在说话时，“话说……”、“想起来另外一件事”，诸如这样，冷不防地夺走对方发言权的人，不可能成为优秀的倾听者。因此千万不要转换对方提出的话题，这一点至关重要。

② 不打断对方的话

如果说出“啊，这件事我知道的”之类的话，对方会立刻失去继续对话的心情。“听”，是接纳对方的行为，所以不要停止去听，这一点也很重要。

③ 不用轻描淡写的表达方式

“好担心啊，这次的礼物，不知道他会不会喜欢……”

“没事，肯定会喜欢的。”

这种轻描淡写的打气法，乍一看是在肯定对方，实际上则是完全没有接纳对方的感情或不安，直接将其否定了。

④ 不施加压力

“能不能再讲一下要点？”

“到底想说什么？”

用这样的话逼问对方，说话者会感受到心理压力。所以，千万不要催促对方。

认真听取这4个建议，努力学习“倾听的艺术”吧！

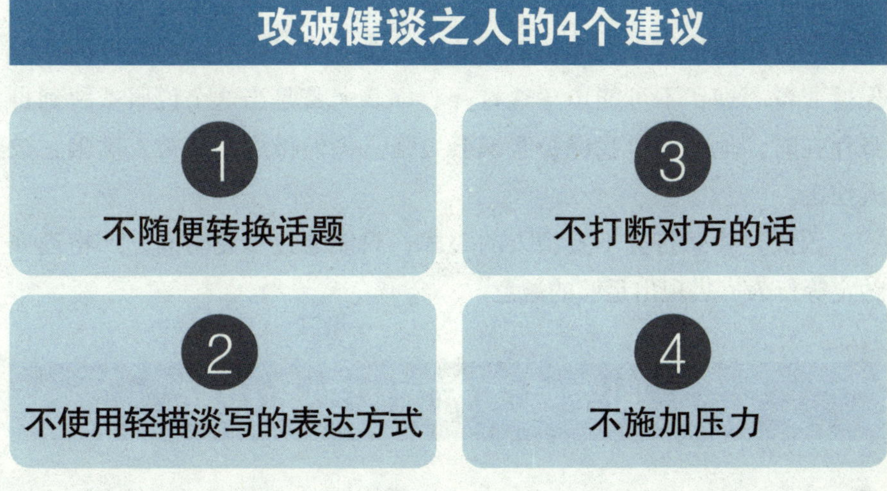

类别攻破法③ 不安型

“不安型”的人会对这样的行为敞开心扉

要想打开不安型对象的心扉，只能通过多花时间，表现诚意，采取像保护刚出生的小动物一样的行为。

“别人总是任意要我。”

“为什么每次谈判时，总感觉被别人欺骗了呢？”

“一般不会从心底里信任别人。”

这种类型的人，从心理学角度看，可以被断定为具有“不安神经症倾向”。

越符合下列几条的人，“不安神经症倾向”越严重。

据伊利诺伊州立大学的卡伦·格斯巴分析，不安型的人往往具有较强的自我保护意识。内心不安的人，会一直对所有面向自己的说服保持戒备心理，不可能坦率地打开心扉。尤其是当这个说服威胁到自身存在时，他们的自我保护意识会更强。他们极度害怕被人欺骗、被人伤害。

因此，要想打开不安型人的心扉，只能通过多花时间、严格遵守约定等行为，表现出足够的诚意。

判定是否为不安型的依据

1. 总是很忧郁，喜欢抱怨
2. 总是感到莫名的恐惧
3. 神经质
4. 失眠，经常做噩梦
5. 手心总是冒汗
6. 身体总是莫名其妙地不舒服

类别攻破法④ 体重和类型

根据“体重”，判断说服的难易程度

某种程度上，一看对方的身材，就能预测出说服是否能顺利进展。因为“体重”和“说服难易程度”之间，有着经过科学验证的相互关系。

美国洛克菲勒大学大卫·格拉斯教授等的研究小组，对被说服人的“体重”和“说服难易程度”之间是否有某种关联性这一假说抱有兴趣，于是用科学的方法做了以下实验。

他召集了16～25岁之间的65名男性和51名女性，并根据他们的体重，把他们分为三组，低于平均体重20%～6%的人分入“瘦人组”，低于平均体重2%到高于平均体重9%之间的人分入“正常组”，高于平均体重14%～40%的人分入“胖人组”。

结果，从下表所示可知，胖人和瘦人都比较容易被说服，身材越接近平均值的人越难被说服。

根据教授们的分析，因为肥胖体型的人和过瘦的人，大多对自己的意见没有自信，所以比较容易被别人的意见左右。

业绩较好的销售人员也一致表示“胖乎乎的主妇会耐心听自己说话”，这绝不是谎言。

体重和说服难易程度的关系

调查对象的体重（调查人数）	被说服性得分（标准误差）
胖人组（44人）	10.00（3.98）
正常组（39人）	7.56（3.91）
瘦人组（33人）	9.55（2.97）

※被说服性得分由测试结果计算而得出，数值超高表示越容易被说服。

（出自：Glass,D.C.,et al.）

类别攻破法⑤ 谎言的察觉

看穿谎言的痕迹，寻找对方的弱点

只要看穿了对方的谎言，就能在心理上占据优势。因为可以提前察觉到对方的真实意图。发现谎言的技巧，在商务会谈中也奏效。

人都会撒谎。英国朴茨茅斯大学的心理学教授阿尔德特·弗里兹博士，一天内和10个人进行了谈话，统计出其中有一半人都撒了谎。

心理学上，关于谎言察觉的统计数据有很多，下面会介绍说谎时的表现。

人在撒谎时，必定会留下一定的痕迹。

抱着成为名侦探的念头，一边认真观察对方的动作，一边自问自答："表情？""声音？"

无论谎言多么高明，都会留下一定的线索。如果能察觉到对方的谎言，就能避免被对方的集中攻势任意摆布了。

看穿谎言需要注意的重点

- 撒谎的人手会静止不动
- 撒谎的人会说错话
- 内向的人撒谎时，会吞吞吐吐
- 谈话中间的停歇变长
- 容易变得支支吾吾
- 不敢看对方的眼睛
- 点头动作变少
- 瞳孔比平时开得大
- 姿势一成不变，身体一动不动
- 如果语速比平时快，表示打算说出"盘算好的谎言"

类别攻破法⑥ “走路姿势”判断

从走路姿势看穿对方的性格和心境

每个人的走路姿势都有自己的特点。通过观察对方的步调、姿势、步幅等，可以看出那个人的个性，并将其反映到商务中来。

美国心理学家G.I.尼伦伯格博士断定，以下列线索为参考，可以看出一个人的情绪和性格。

① 走路步伐快、且大幅甩动胳膊的类型

这类人为目标志向型，工作卖力，为了得到结果不惜努力。是会为取得与工作无关的资格而努力学习的勤奋家。

② 走路时总是把手插在口袋里的类型

大多爱批评，性格乖僻。爱挑别人的毛病，连细微的缺点都不放过。而且，比较现实，不愿意接受具有挑战性的工作。行为方式保守。

③ 走路时手插在腰上的类型

瞄准目的地前进时，会考虑走近的路线，用最短时间到达。比较爱盘算，特别吃不得亏。往往不考虑品质或设计等因素，而是明确表示“总之，给我算便宜点，我就买”的态度。

④ 走路时低着头，手总是背在后面的类型

这种走路姿势的人，大多是一直在专心思考问题的学者或艺术家，多见于心情低落时。有烦恼时，倾向于靠自己解决的类型。

⑤ 走路时挺起胸膛，威风凛凛的类型

沉浸于自我满足中，特别顽固。对于这种类型的人，通过展示自己的“软弱”、“哀求”和“同情”，可以顺利打动他们。

读心术① 手势语言

从手势语言，看透对方的“YES”和“NO”

当谈判对象的心理难以解读时，解读手势就变成了一个重要武器。掌握手势语言，看透对方的内心吧！

被称为掀起了销售技巧大革命的美国人肯·德尔玛，仅靠137美元就创办了一个公司，数年后年收入达到数十万美元，他在*Winning·Mubuzu*一书中，关于根据读心术解读对方心理的秘诀这样写道：

① 可解读为“YES”的标准

· 两手处于放松状态，而不是紧紧握起

· 两手平放在桌面上或其他地方

· 一直整理办公桌上的障碍物

· 托着下巴

这些手势是同意你的提议、被说服的证明。只要你安下心来，再往前走一步，就很有可能一举拿到合同。

② 可解读为“NO”的标准

· 两手握成拳

· 两手放在腿上，然后伸开胳膊，把两只手的大拇指交叉起来

· 两手交叉放在头上

· 不停地摆弄圆珠笔等小东西

· 用手指按压额头中部

· 两手撑在下巴下面

· 用手指“咚咚”地敲打桌面

这些手势语言，传达的是“这个承诺我不能答应”、“不要再说了”、“不高兴”的心理。也就是说，就算继续谈下去，还是会失败。因此，最好采取换个话题，或当天索性先结束谈话等策略会比较好。

Yes
No

读心术② 情绪判断

判断情绪和身体动作之间的相互关系

此前介绍了从对方外表体现出来的现象等，判断内心世界的方法，这里介绍一下对方的内心世界是如何表现在外表上的，即“反向判断”方法。

在此之前，本书相继介绍了从说话神态判断心理的方法，从口头禅判断心理的方法，从对方的外在特征判断对方性格、个性和心理状态的方法。

这一节，将介绍“逆向判断”对方的内心世界的方法。

话虽如此，但并不是要提供全新的知识，而是试着对前面介绍过的方法来个180度转弯，然后再试着总结一下。

不过，这样一来，就可以弄清楚对方内心的积极面和消极面是如何体现在外在上的。并且，瞬间判断中最值得注意的一点是，要有灵活性，即明白自己得出的结论无论何时都可以改变，而不要坚持认为自己做出的判断就是100%正确的。如果在相处的过程中，发现原来的判断有错误之处，必须能够灵活地加以修正。

此外，有时候会出现两个线索发出截然不同的信号的情况。这时，即线索不一致的情况下，要重视对方的行动。因为面部表情和语言是可以有意识地加以控制的。

因此，更加重视当事人无意中发出的信号，进行瞬间判断，往往能得出比较准确的判断。

情绪和身体动作之间的相互关系

情绪	身体动作
有点生气时	两手叉腰
放松时	双手交叉，背在后面
思绪比较混乱时	不停地转动手指或手
半信半疑	手不停挠后脑勺
抱有威胁或敌意时	伸出下巴
恐惧时	收起下巴
讽刺、挖苦时	一侧嘴角上扬，脸颊上出现皱纹
抱有期待时	不停地搓手掌
“真的吗”、“太好了”（感叹）	捏脸颊
“认真听你讲讲吧”	双手叠在一起
“你讲的真有趣”	身体向前探
“我有话要说”	手指轻触嘴唇
“希望你理解我的想法”	双手抱在一起
“不好意思，你说的我不太懂”	两个嘴角下垂
对这个话题完全没兴趣	擦眼周
“打住”、“不想再听了”	摸、捏、摆弄耳朵
“不要再说了”	手指摸嘴唇
“不要再发牢骚了”	摸、捏、摆弄耳朵
“一听你说话就头疼”	敲打自己的额头
“你太顽固了，真愁人”	敲打自己的额头
“你说话不能坦率点吗？”	摸、捏、摆弄耳朵
“太难了”、“我做不到”	掐、弄乱自己的眉毛
“我讨厌你”	摸、捏、摆弄耳朵
“该走了”	身子往前探
“好累呀”	两手托着下巴
“太无聊了”	跷起二郎腿，不停地晃
撒谎或故意隐瞒	摸鼻子
“想使谎言合理化”	擦眼睛周围
不动声色的威胁	说话时用食指指着对方的脸
不动声色的不满、嫌弃	皱鼻子
“很抱歉”	用牙齿咬食指
有优越感	把手交叉放在脑后
“看上去不太行得通啊”	捏鼻子
“没成功”	摸喉部
想吸引对方注意	整理头发
性兴奋	舔嘴唇
性挑逗（男性对女性）	摸头后部
NO	拧鼻子的任一侧
NO	嘴角下垂
NO	耸肩

专栏 3

家中老幺容易成为拜金主义、挥霍浪费的人

在加利福尼亚大学研究市场营销的詹姆斯·塞马内科博士，做了一项关于出生顺序与对金钱的迷恋程度之间关系的调查。

以西南部大学的275名毕业生为调查对象，当时，他们的年龄为从24岁到84岁，平均年龄为38岁。问题有“你会买并不需要的东西吗？”“你喜欢购物吗？”“你羡慕有钱人吗？”等。把“是”和“否”的回答，以5分满分值进行数值化，结果排行大的为2.69分，排行居中的为2.74分，排行小的为2.78分。

虽然从数值来看，相差并不大，但是由此可以看出，出生顺序越靠后的孩子对金钱的迷恋程度越强。

对金钱的迷恋，从心理学观点来看，是“物质主义倾向”。

出生顺序越靠后的孩子，这种倾向越强烈。可能是因为他们从花钱中感觉到快乐，认为有钱了以后，自己就算长大了。

销售人员应该记住“老幺的钱袋子比较松”这一点。

对金钱的迷恋程度

※满分为5分。　（出自：Zemanek,L.E.Jr.,et al.）

专栏 4

领导倾向于采纳与自己相同类型的意见

在纽约州立大学教授组织学的雷蒙德·亨特，做了一项关于比较容易被采纳的意见和建议的条件的调查。

调查对象为210名企业经营者，他们被分为“直觉型”和“分析型”两组。他分别对各组的经营者们，提了直觉型的建议和分析型建议。

下表中的数据结果表明，直觉型的经营者比较容易接受直觉型的建议，而分析型的经营者则比较容易接受分析型的建议。

通过对这一结果的分析可以得知，正如挑战型的经营者倾向于支持挑战型的建议，其实不仅限于“直觉型”和“分析型”，经营者或领导，通常都比较倾向于采纳与自己相同倾向型的想法。

因此，在商务场合中，要想说服自己的上司，应该先弄清楚上司属于哪种类型的人，与此同时，最好考虑到他会倾向于采纳与自己相同的意见这一点。

性格类型和意见采纳率

建议者的类型 \ 经营者类型	直觉型	分析型
直觉型	45.95%	13.21%
分析型	18.98%	56.60%

（出自：Hunt,R.G.,et al.）

第3章

让对方100%说“YES”！

“权利逻辑的心理战术”

要想说服别人，必须重视“逻辑”。
为了说服别人，需要用到类型、规则、伦理。
这一章节，设计了说服前辈、上司、后辈、部下、客户等情况，
然后根据经科学数据验证的心理学逻辑，
介绍成功说服他人的秘诀。
“希望学习说服的规律”、“苦恼于人际关系”、“希望提高说服能力”
的人必读。

自我表现艺术① 自我介绍

自我介绍要能引起对方情感上的波动

“一般范围内”的自我介绍，无法引起对方情绪上的波动。一定要加入与自己工作相关的“独特的说明”，推销自己。

初次见面的印象的影响会持续很长时间，所以一定不要在一开始就栽跟头。

《7秒钟市场营销》一书的著者伊文·麦思娜也呼吁“作自我介绍时，请注意一定不要用一般范围内的介绍”。

例如，听到“我是银行职员”这样的自我介绍，大家会说“哦，原来如此”，仅此而已，然后很快就把那个人忘得一干二净了。由于介绍的内容过于普通，不可能给人留下任何印象。

但是，如果听到“我是银行的融资担当，帮助很多人做长期理财规划”这样的自我介绍的话，感情上就会出现波动，不仅会记住这个人，还会被他的工作内容所吸引。

以笔者为例，由于从事的是“心理学家”这一较为罕见的职业，只需说出职业就能引起对方的兴趣，但我总是加上“我的工作是利用心理法则，帮助大家寻找幸福”这一句。因为这样介绍，会给对方留下更深的印象。

可以断定，如何作自我介绍这个问题，是决定今后的人际关系的第一要诀。因此，在这一点上绝对不能马虎大意。

我们在作自我介绍时，总是会草草结束，或许是不好意思自信满满地讲话。可是，如果不跨越这种心理，就无法做到足以撼动对方感情波动的自我介绍。

我的工作是帮助
大家找到幸福！
能跟我详细描述
一下吗？

自我表现艺术② 增加信赖感

语言“交流量”催生信赖感

人际关系的基础是信赖。无论什么内容，只有多创造一些交流机会，才能取得信赖感。

得克萨斯大学商务学科的萨卡·杰本帕教授和多蕾西·雷多娜，从网上募集了来自28个国家的350名调查对象，进行这样一项实验：把他们分成若干组，让他们筹划一个新项目，并试着去完成。四周以后，测定出哪一个小组成员之间信赖度最高。

结果显示，有很多邮件往来，且邮件写得很长的小组，成员之间的信赖感最强。并且，经过分析信赖感弱的小组的邮件，发现语言极其简短，只有“了解”一词，而且还有“好好做呀”这种明确否定对方的发言。

另一方面，互相信赖的团队，邮件写得很长，并且交流氛围特别温馨。例如：“真的，真的，帮了大忙了！”“没问题，我们一定能成功！”邮件都是这种感觉的语言。

如果想取得别人的信赖，就要多做交流，多说让对方感受到热情的话语。只有这样，你才能得到对方的信赖。

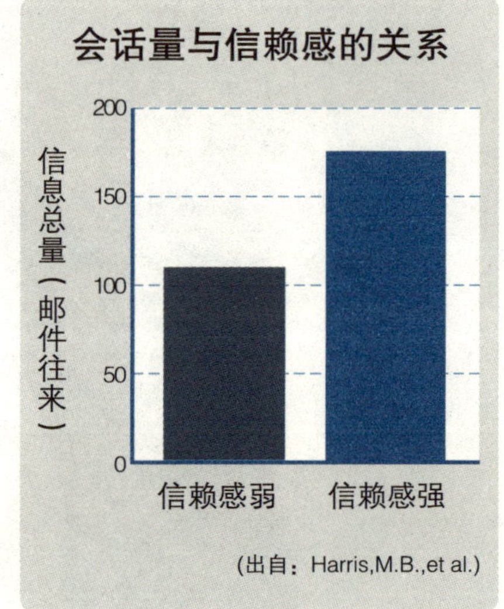

(出自：Harris,M.B.,et al.)

自我表现艺术③ 感情渲染法

把积极情感传给对方的表演方法

我们的感情，会受到对方的影响。与人相处的秘诀在于使对方高兴。要做到这一点，必须先让自己高兴起来。

自己心情好的话，就能把这种心情转移给对方。这叫做“心理感染效应”。

美国南·宗信徒大学的丹尼尔·霍华德教授和查尔斯·根古拉博士，募集了132名成年女性（平均年龄38岁），把她们每两人分为一组，让她们围绕一种以俄罗斯一个中部城镇名“帕莱卡”命名的工艺品展开讨论。用摄像机把讨论的场面拍摄下来，测定她们的感情在多大程度上达成一致。结果表明，如果其中一个女性微笑着说“帕莱卡好漂亮呀”，另一个女性也会被这种情绪感染，开始喜欢上帕莱卡。也就是说，微笑着说话时，情绪能感染对方。

有时候，我们在听别人讲话时，会不知不觉地高兴起来，尽管内容本身并没有什么大不了。原因在于，当说话者满脸兴奋地说话时，这种兴奋能感染到听者，然后被对方的话吸引住。

古希腊哲学家亚里士多德曾说过，“要想使对方的心变暖，说服者必须先让自己的心燃烧起来。”这一机制也是基于“心理感染效应”。

人际关系的秘诀在于，与人交往时先让自己愉悦起来。如果你心里面想的是“跟这个人说话好无聊呀！”或“太痛苦了”等，对方也会产生相同的情绪。为了避免这种情况出现，需要注意的是，自己不要带有消极情绪，而是应该努力用积极的情绪感染对方。

自我表现艺术④ 附和

用“附和”引出对方话语的秘诀

销售成功的关键，在于认真听对方讲话。与其自己卖力推销，倒不如提出谈话的引子，然后满怀兴趣地倾听客户讲话。

马里兰大学心理学专业博士亚伦·沃尔夫·西格曼发现，一边随声附和一边听对方讲话，具有令对方感觉到“热情”的功效。

博士做了这样一个实验，请48名女大学生参加一次模拟面试。实验中，当面试官向女大学生提问题时，对一半的人，面试官饶有兴味地听她们的回答，过程中还加入“嗯，嗯，然后呢”等之类的附和，另外一半则完全不做任何附和。

实验结束后，询问女大学生对面试官的印象，如右图所示，她们对随声附和自己的面试官抱有极大的好感。

一边附和，一边继续提问“然后呢”、“结果呢”，对方的心情就会放松下来，一直讲下去。“听”这一行为并不仅仅是以获取信息为目的，同时还是接纳对方感情的行为，是一种极具人情味的行为，并且结果会因是否有这种认识而截然不同。

“附和”和“热情”的关系

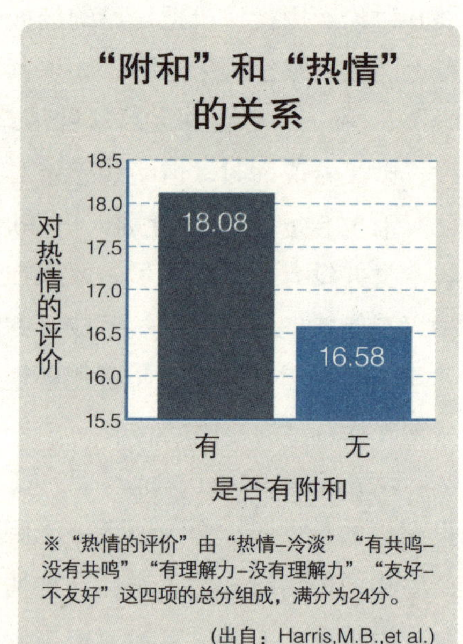

※“热情的评价”由“热情–冷淡”“有共鸣–没有共鸣”“有理解力–没有理解力”“友好–不友好”这四项的总分组成，满分为24分。

(出自：Harris,M.B.,et al.)

自我表现艺术⑤ 比喻

用"比喻"的威力暗中操控对方

"比喻"在人与人之间交流中发挥着重要作用。只要能够恰当运用比喻，就一定能够拥有融洽的人际关系。

善于打动人心的人都是"比喻"高手。讲话时一定会用到比喻的人，必定是掌握了比喻能提高说服效果这一心理学知识。

比如，相对于"你的计算速度真快"，"你简直就是计算机"的说法更能令对方高兴。此外，有一个很有名的理财规划师，名片上印了"我是金钱的'医生'"这样一句话。运用了比喻手法，是一个不错的自我推销方法。他的名片，会让人在需要做理财时，不由得产生交给这个人的想法。

关于为什么运用比喻能强化冲击力，现在还不是特别清楚，一般而言，它具有以下三个优点：

① 比喻可以帮助理解

② 比喻有助于使信息明朗化

③ 比喻能激发感情

使用比喻，能使较复杂的内容变得易于理解。也就是说，具有"理解"的效果。说话时运用比喻的人，由于可以把理解透彻的内容传达给对方，也更容易亲近。

此外，比喻还具有使复杂的问题"明朗化"的效果。想必大家学生时代都有过这样的经验，无论多么难懂的物理法则，只要用比喻加以说明，头脑中立刻就能浮现出清晰的印象。

最后，尤其重要的是，比喻还具有"激发感情"的效果。比喻，无论激怒、安慰、逗笑对方，还是使对方难过时，都是一个极为有效的手段。

说话艺术 称赞方法

文章用“赞扬性语言”收尾

只要在后半句放上否定性词语，无论前面罗列了多少赞扬性的词语，都只会给对方留下否定性的印象，这一点一定要注意。

“这个项目实施起来会很困难，不过有部长亲自挂帅，肯定没问题。”

“部长亲自挂帅估计不会有问题，但这次的项目实施起来会比较困难。”

以上两种说法，内容几乎相同，只是调整了顺序而已。然而，却会给人留下截然不同的印象。

前一种表达方式会给对方留下好印象，相比之下，后一种表达方式则会传达出截然不同的含义，隐藏了几分“颇具讽刺性的微妙感觉”。

为什么会出现这种情况呢？

这是因为，日语具有“句末决定性”的特点。

英语中，否定性词语出现在前半句，因此非常容易理解。但是，日语中，否定语是在句末出现的。也就是说，只有看到最后，才能知道到底是“是”还是“不是”。因此，在日语中，放在句子最后的理由更能得到重视。

在这个案例中，前一种表达方式强调的是“有部长在，肯定没问题”这个部分，而后一种表达方式强调的是“实施起来会很困难”这个部分。

如果是直接和部长说话，则必须要用前一种表达方式。

日语中，如果不以称赞性的语言结尾，就不被看做发自内心的称赞。

右表中，列出了3个在商务场合经常用到的语例。读这3个例子，试着比较一下好语例和不好语例。

不可思议的是，尽管每种说法的内容基本相同，给人的印象却有天壤之别。尽管是同一个人，但A、B、C三个人给人留下的印象，却截然不同。

通过这个例子，大家应该能够清楚地认识到，自己无意中惹别人不高兴的话是什么样的话了。并且，应该可以理解到，自己明明是在称赞，却令听者感到不愉快的情况，其实是因为语序错误。

让我们认识到说话时语言的顺序是多么重要，并努力达成与对方之间的良好沟通吧。

文字顺序与印象差异 ※蓝色字体是重点强调的地方

是在称赞吗?	是在称赞!
“A工作能力很强，人却很讨厌。”	“尽管A人很讨厌，工作能力却很强。”
“B做报告的速度很快，却有很多由粗心造成的错误。”	“虽然有很多由于粗心造成的错误，B做报告的速度确实很快。”
“C很善于交际，容易相处，却经常用错敬语。”	“C经常用错敬语，不过很善于交际，且很容易相处。”

说服艺术① 优点强调法

向对方传达优点的4种演说艺术

演说中，需要把说服对方的理论和表演艺术巧妙结合起来。关键在于如何把优点传达给对方、如何打动对方的心。

能够成功说服别人的人，都会利用以下4种演说艺术。

① 时间分配上，应该以15分钟为一个阶段

人集中精力的极限是15分钟，请务必牢记这一点。善于说服别人的人，都会运用每隔15分钟转换一下话题的技巧。例如，为时1个小时的商品说明，需把时间划分为4部分，每部分15分钟，每部分分别从不同的角度进行介绍。欲使说服成功，应建立一个大约持续15分钟的战略。

② 一开始就提出重点

人比较容易记住初次见到、听到的事物，这叫做“初次效应”。因此，把自己想要强调的事情在一开始时说出来，会切实留在对方的记忆中。证据或理由可以留到后面慢慢说。

③ 用关键词说话

擅长说服的人，会把想要传达给对方的东西“关键词”化。田中角荣首相当年没有说“采取推进日本社会基础设施配置，建立四通八达的交通网”，而是用“日本交通设施改造论”这一关键词，获得了民众的支持。有了浅显易懂的关键词，演说的内容才能产生影响。

④ 说话要张弛有度

欧美人经常批评“日本人说话太平了，无聊透顶”。同样，做一个介绍，不应该全盘背出事先背诵过的内容，而是应该缓缓地、大声地说出想要强调的部分，或者压低声音，使说话张弛有度，这一点非常重要。

敬请观看！
重点
关键词
起承转合
15分钟

说服艺术 2　要点强调法①

想说服一个人，必须集中到一个要点上

优秀的说服者不会同时提出一个以上的论点。一次说服中只能出现一个要点。其他想说的话，利用其他的机会再说即可。

要打动一个人，与其“这个那个”做一大堆介绍，倒不如集中一个要点进行说明来得顺利。

“我要说的只有一点，就是……”，只有这样说，对方才会愿意继续听下去。因为当只有一个重点时，对方才能把精力集中在这上面。

德国海德堡大学的心理学家迈克尔·万科博士，以BMW为素材来做实验，他分别准备了出现一个重点的广告和十个重点的广告，请160个人来看，并调查了他们的评价。

结果表明，只有一个要点出现时，更受大家的欢迎，当有十个销售要点出现时，反而比较遭排斥。

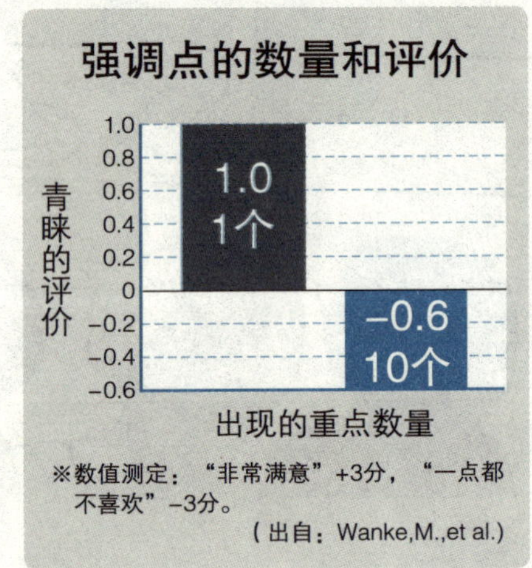

※数值测定：“非常满意”+3分，“一点都不喜欢”−3分。
（出自：Wanke,M.,et al.）

同时他还询问了他们对广告的“记忆”。结果显示，还是只有一个销售要点的广告更容易被记住。想要留在对方记忆中的话，谈话时集中在一个要点上非常重要。

要把重点集中到一点上，需要提前确定，在想要提出的论点中，哪一个是最重要的，并把其余的论点全部舍弃。

说服艺术③ 要点强调法②

说服力不是由“信息量”决定，而是由“质量”决定

要想打动对方的心，需要先整理一下内容，然后尽量简洁地表达出来，而不要长篇累牍地讲，必须瞬间决定胜负。

从生理上，相对于冗长信息，我们更喜欢简短的信息。这一原理，经过了佛罗里达州东北部杰克逊维尔州立大学的心理学家史蒂芬·毕各托博士的科学实验验证。

博士等人对埃及木乃伊展览上所贴讲解文的长度做了多种变化。首先，贴上一个长为150个单词的讲解，然后用摄像机把参观现场的情况录下来，并分析结果，发现参观者中几乎没有认真读讲解文的。然而当把讲解文压缩到50个单词，认真读的参观者增加了两倍以上。

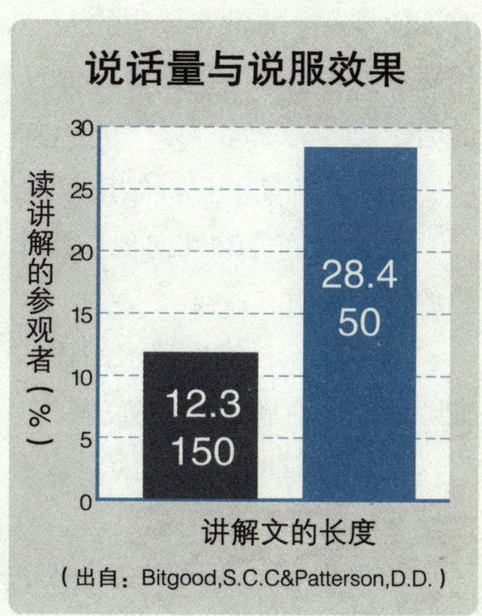

信息长度被压缩后，成功地激起了大家“试着读一下”的兴趣。如果你想打动对方，不妨问一下自己：“把我说的话压缩到一半，会怎么样呢？”“我说的话里面，有没有多余的内容？”类似“把我要说的话压缩到一句，会怎么样呢？”这种自发的面向自己的提问非常重要。

说服艺术④ 称赞技巧

向对方提出请求之前，一定要先“称赞”对方

要想操纵别人的内心，必须先称赞对方，让对方心情愉悦起来。只要激发起对方的自尊心，即使有些勉强，他们也会照你说的做。

提出“求别人办事之前，一定要先称赞对方几句，这样一来，对方心情会好起来，就会毫不犹豫地照你说的去做”这一建议的，是德国曼海姆大学心理学家戈尔德·博纳博士等人组成的研究小组。

博纳博士等人，通过一个巧妙的实验，科学验证了这一法则。

他们筹划了一个实验，然后让大学生们参加了一个虚假的心理测验。然后，随机选出一半的学生，不住地称赞他们“从心理测验结果来看，你是一个非常有才华的人，实在太厉害了”，对另外一半学生，则用颇具挖苦意味的语调说“你只答对了14%。真谈不上有才华哟”之类的话。

原本认为实验已经结束了的学生们，在走廊里被一个女性拦住。

调查当这位女性向他们提出请求时会有多少人答应，才是这次实验的真实目的。

结果显示，答应请求的概率为，得到称赞的学生有91.0%答应，而被贬低的学生只有72.0%答应。

受到称赞的学生，面对没有直接关系的陌生女性的请求，毫不介意地答应的概率比较高。

如果你想试着说服一个人，不妨提前好好称赞对方一番。然后再表明“其实有件事想拜托你”，这样比直接提出请求，更容易得到对方的应承。

说服艺术⑤ 提高信赖感

获得对方信赖的7个说话技巧

只要取得了对方的信赖，打动他的心就没问题了。即使因对方怀疑，而不能顺利进行的说服，但只要取得了对方的信赖，离成功就不远了。

在美国俄勒冈州波特兰州立大学教授市场学的罗伯特·哈蒙博士和亚利桑那州立大学的肯尼斯·科尼博士，以200名商务人士为调查对象，做了这样一个实验，即向他们提出“买一台笔记本电脑吧”的请求。

这时，出现两个推销笔记本电脑的人，介绍各自电脑的优点。一个人是特别值得信赖的，而另外一个人则不值得信赖。

结果，尽管他们介绍的内容大体相同，当可信赖的人提出“买一台笔记本电脑吧”的请求时，人们更能强烈地感受到“购买欲”。

要想取得他人的信赖感，请注意多练习下表中经心理学数据验证的说话方式。

顺便说一下，信赖感的建立需要花费很长时间，而失去仅在一瞬间。例如，如果曾经对他发过一次火，或单方面违反约定，信赖感就会立刻化为零，请牢记这一点。

提高信赖感的说话方式

- 说话时尽量小声
- 拥有专业知识（资格等）
- 不和对方辩论
- 说话时直视对方的眼睛
- 倾听时慢慢地附和
- 锻炼幽默感
- 避免情绪化

柔和的表现艺术 自然说服力

尽量用柔和的语言表现自己

一般认为是强硬的人比较有说服力，实则不然。有说服力的人，其实是时刻不忘服务和照顾他人、懂得用柔和的语言说服别人的人。

物理学中，有“作用与反作用”的法则。这一法则同样适用于人的心理。若一个劲儿强硬地去说服别人，只会得到相同程度的抵抗，最终也无法改变对方的心意。

美国马里兰大学的心理学家阿里萨·琼斯博士和查尔斯·格尔森博士，用实验证实了“你越是强硬，遭到的抵触会越强”的原理。

他们请150名大学生观看了向女性心理咨询师咨询问题时的场面。心理咨询师的说话神态共设定了两种：一种是急于得出结论，用独断的、强硬的口气说话；另外一种是不急于得出结论，用柔和的口气说话。实际对话如下：

·柔和的心理咨询师

“听了你的介绍，我有这样一种感觉……”

“你对我的意见，有什么想法吗？”

·强硬的心理咨询师

“我都明白了，直接说你的问题所在吧！”

“你精神上的问题是×××，没错。”

在他们从头到尾看完一遍后，请他们对心理咨询师做评价，结果态度越强硬的心理咨询师，得到的评价越差，被贴上了不亲切的标签。

强硬只能起到消极作用。要想顺利打动他人的心，谈话时应该尽量用柔和的语气，这一点非常重要。

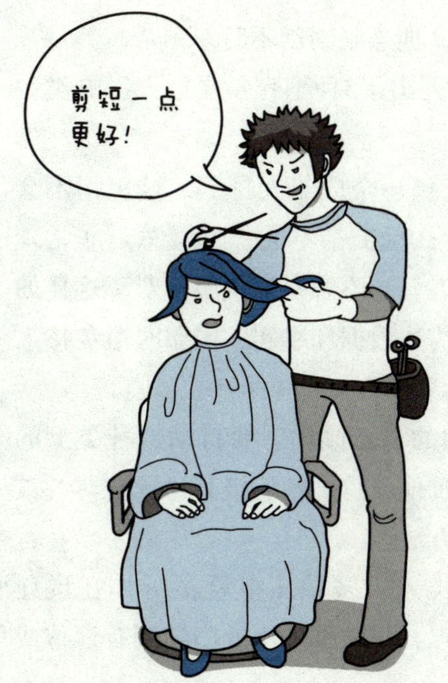
剪短一点
更好！

我觉得短发也非常适合您，您觉得怎么样？

类别说服艺术① 类型把握

不易被打动的5种类型应对法

世界上的确存在不容易被打动类型的人。但是，无论是什么类型的人，都一定有可以被打动的部分。先从找出对方的软肋开始，试着去说服他吧！

有那么一类人，即使你说破嘴皮，他连眼睛都不眨一下。

美国心理学家库拉琪·费鲁德，列出了5种不容易受他人影响类型人的性格，如右图所示。

“缺乏童心”。这一点，存在于每一个成年人身上，这里指不会因别人的话改变心意的人。无论开什么玩笑都不笑、发言总是非常理性、判断事物异常冷静，越是这样的人，越不容易被说服。对于这样的人，“理性的说服”会比较有效。只传达数据和事实，说服时避免掺入任何自己的意见。

“自信过剩”。这类人具有强烈的自恋倾向。要打动这种类型的人，不管三七二十一，只管使劲儿称赞他就行。他们极其讨厌自尊心被伤害，所以一定不要用逼进式的说服方法。

“性格顽固，迷信权威”。这类人大多数压根就不听你在说什么。但是，这类人在权威方面存在弱点，把数据的出处归结到有地位或有权威的人身上，是聪明的做法。

“不在乎社会承认”。这一类人，或许有点难以理解，换个说法，可以说是“没有希望得到他人称赞的欲望”。我们身上都有希望得到别人称赞的“社会性欲望”，没有这种欲望的人极为罕见。对于这种类型的人，无论你再怎么奉承，都无济于事。因为他们根本不会在意别人语言上的称赞。所以，可以通过给他发奖金，或用好吃的饭菜招待等满足他的“物质欲望”的手段，想必他自然会敞开心扉。

“知性水平高”。顾名思义，知性水平高的人掌握了各种各样的信息，做好了反驳一切意见的准备。因此，说服这类人，不下一番死功夫是不行的。

“您一向什么都懂，想必也知道我们的想法吧”。对这种类型的人，让对方来推测我们的意见或主张，成功的可能性会大一些。

不容易受他人影响的5种类型

（出自：由Crutchfield,R.S.制作而成）

类别说服艺术 2 软硬兼施说服艺术

打动不易动摇的对方的4个技巧

要想说服不太热心、对这件事根本不感兴趣的客户，必须运用技巧。利用心理法则，用这4个技巧开始向对方进攻吧！

任凭你怎么说，对方都不为所动时，可以参考以下4项内容。

① 当交涉处于停滞状态，对方一点都不上心时，试着施加“时间压力”

美国谈判研究家科耐·贝尔博士等人指出，这种情况下，“时间压力”会有效果。用“十分钟后，今天的谈话将告一段落”这种方式，迫使对方思考问题。

② 进攻无效时，干脆冷却一段时间

这一技巧是《谈判行为》的著者普鲁特博士提出的，即停止所有的争取。与其使交涉激烈化，导致关系变僵，还不如先搁置一段时间，让双方都冷静一下，这样更有优势。

③ 请第三方作为“调停者”介入进来

当双方势均力敌或互不相让时，搁置下去可能会导致谈判本身破裂。这种情况下，最好请善意的第三方来做调停。因为通过委托给第三方，可以在不伤对方的面子的情况下，使谈判进展下去。

④ 试着在细节上做“概要确认”

谈判有时候会在最后关头破裂。人一旦感情用事起来，会把理智完全抛诸脑后。要控制这种感情，需要趁着头脑清醒时，提前事无巨细地确认与对方之间的利害关系。

类别说服艺术 3　消除戒备法

对顽固类型的人，要用“两手准备”的说服方法

顽固和偏执的人，不容易被他人说服。对于这种类型的人，应先找出和对方的相同点，消除对方的戒备心后再进行说服会比较有效。

美国耶鲁大学的心理学家诺曼·米拉教授，对800名高中生进行了测定顽固和偏执程度的性格测试，测定他们在听演讲前后，意见发生了多大改变。

结果如下表所示。可以判定，越是顽固的人越不容易被说服。

要打动他们，需要先从“尽可能与他们意见一致的点”开始进行说服，消除他们的戒备心，然后再进入正题。

也就是说，对于比较顽固的类型，需要运用二段式说服方法。

如果找不到共通点，应尽量亲切地和他说话，用向好朋友提建议时的语气进行说服也会比较有效。

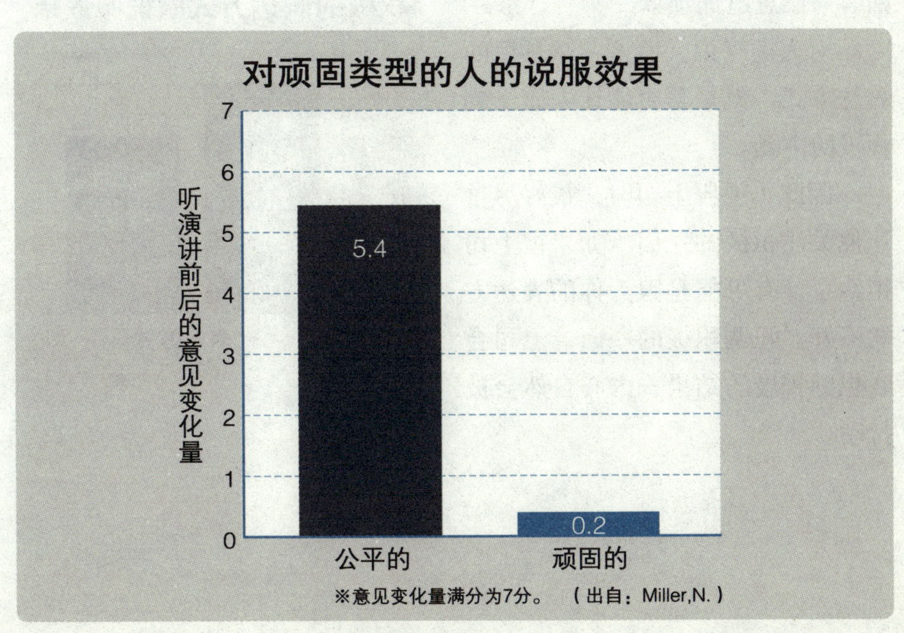

类别说服艺术④ 积极的表达方式

说服上司，应尽量用积极的表达方式

要想说服上司，应尽量用积极的表达方式传达。因为即使传达的内容相同，积极的表达方式和消极的表达方式，给人留下的印象会截然不同。

美国克里弗兰德大学管理学专业的肯尼斯·德干博士，进行了这样一项实验：问在以下两种表达方式下，测试对象是否会为这个项目追加预算。

·积极的表达方式

“在正在进行的计划中，五分之三都成功了。”

·消极的表达方式

“在正在进行的计划中，五分之二都失败了。”

成功率同为60%，只是变换了表达方式。结果看下表即可一目了然。听到积极表达方式的小组，会回答“愿意追加预算”。

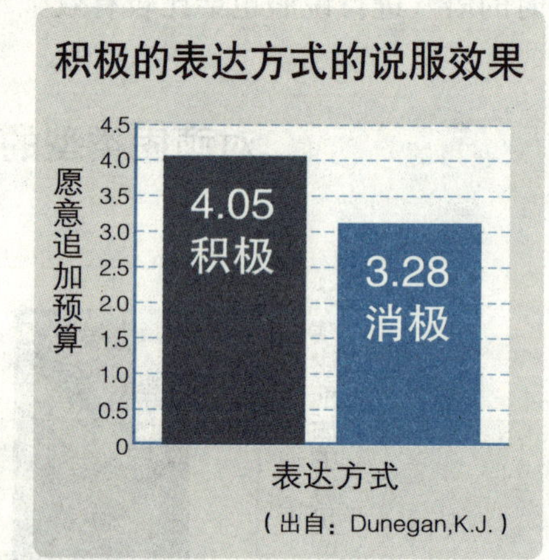

对人类来说，所谓“顺耳”的表达方式，就是是否能让人感受到积极的内涵。

因此，说服上司时，最好尽量让他关注积极的一面。如果被上司拒绝了，有可能是因为你的表达方式不好。强调积极的一面，上司会联想到积极的结果，内心自然会被打动。

类别说服艺术⑤ 事实提示法

说服对方时，不要说多余的话，只传达事实

即使只报告事实，人也可能会被打动。只要不让对方感觉到“说教气息”，上司就不会认为自己正在被说服，自然而然会敞开心扉。

位于美国俄勒冈州的波特兰公共政策研究所的理查德·卡茨夫博士和亨利·米西玛博士，记录了2周时间内，可以从大学生收发室收集到多少再生纸张。

在什么都不做的状态下，没有一个人自发地收集再生纸。然后他们在收发室立了一个看板，上面只写明事实“昨天收集了××再生纸”，没有写“让我们为环保再做些努力吧”之类充满说教气息的语言，只汇报事实。结果，学生们开始自发地收集再生纸了。一周后取消了看板，又恢复到原来的状态。

如果想要打动上司，而不想让他感受到说服的氛围的话，只需报告事实就好了。因为强压式的说服绝对不可能成功。

当然，当上司要求你发表意见时，还是应该积极表达出自己的观点。让你发表意见的上司，一定是心胸开阔的人。这种情况下，从正面进行说服也会比较顺利。

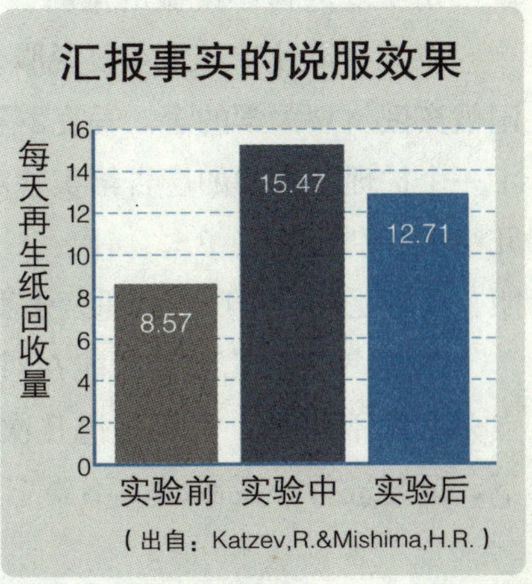

说服的实现　反复说服艺术

10次“小说服”比1次“大说服”更能打动人心

要说服上司时，与其来一次大规模的说服，倒不如勤勤恳恳地反复进行小说服，效果会更好。这样做的话，还能减轻心理负担。

正如“水滴石穿”说的那样，大家都知道水滴的力量，当它重复无数次后，连坚硬的石头都能被滴穿。这一点同样适用于我们的心理，无论上司多么顽固，经过无数次的说服，总有一天会被打动。

如果把所有赌注都押在一次说服上，一旦失败，心理会受到很大的伤害，会更加坚持认为“明明我的意见是对的”，进而开始讨厌上司。

为了避免这种情况出现，应该把向上司的申诉想得轻松一点，尝试采用反复进行小说服的策略。

发表“即使单纯地重复说服，效果也会越来越好”这一说法的是美国俄亥俄州立大学的李·马克罗和托马斯·奥斯特罗姆教授。他们制作了一个护理洗衣剂的广告给实验对象看，让其中一组人看一次，让其他几组人分别看2次、3次、4次、5次，并测定他们对广告的态度。结果表明，尽管是同一个广告，重复多看几次后，态度会产生积极的转变。

只需多演示几次，就能在对方的记忆中留下深刻的印象。无论论点多么站不住脚，只要多说几次，说服效果就能明显提高。顺便说一下，反复进行小说服时，不要忘记尽量零星举出相关证据。

上次
那件事……
那件事……
昨天
谈那事……
上次提到的事……

专栏 5

运用“视觉效应”，提高说服力

美国东肯塔基大学的罗斯·伯里博士，做了一个有关视觉要素提高说服力的调查。博士在肯塔基州马蒂松郡的50个地方，为弃犬募集做去势手术的资金，并准备了两种募捐箱。

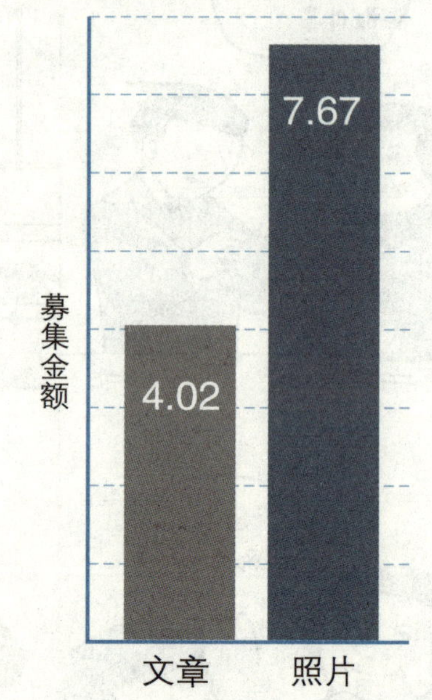

（出自：由Perrine,R.M.&Heather,S.制作而成）

开始，他只在箱子上写了以“每年，有××只狗被遗弃”为主旨的文章，然后开始募捐，结果一天时间只收到4.02美元的捐款。后来在箱子上贴上小狗的彩色照片，结果一天内收到了7.67美元的捐款。因照片的有无，募捐到的金额出现巨大差异，由此可以证明视觉表现更能说服人。

因此，在做商品演示时，应该把产品的样品和数据图表化，制造出视觉效果。不仅面向其他公司的人需要这样做，在公司内部的会议上同样也能用到。要想说服对方，不仅要费一番口舌，展示具有视觉效果的东西也非常重要。

专栏 6

要想强烈体现“存在感”，“面对面”是最有效的方法

同在一个公司，有的人会让人觉得“有这么一个人吗？”即没有存在感的人。

这样的人不可能成为领导。

要想强烈地体现出“存在感”，应尽可能养成与对方“面对面”交谈的习惯，即“规规矩矩地站在对方面前”进行谈话。

心理学家克里斯汀女士，验证了“不同的媒介，体现出的存在感是否有所不同”这一问题。

实验中，她把30名商务人员以6名一组分成了5组，展开关于“组约和康涅狄格两州面对的商务问题”的讨论。讨论时，5个小组分别采用不同的媒介。

结果如下表所示，“面对面”的效果最好。

优秀的领导，会主动去拜访客户，使对方产生“你还特意前来”的谢意，可以更加强烈地体现出自身的存在感。

不同媒介体现出的存在感度

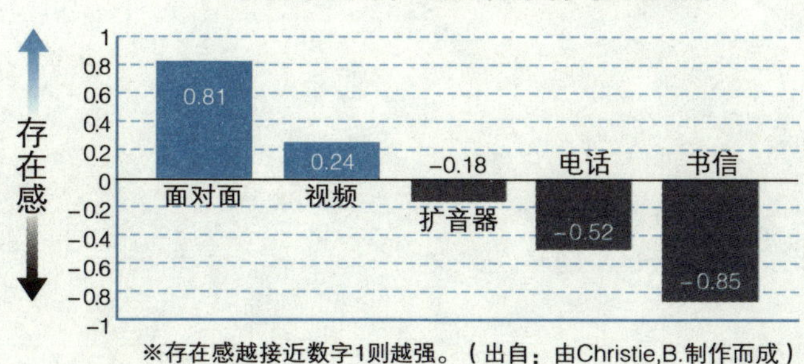

※存在感越接近数字1则越强。（出自：由Christie,B.制作而成）

第4章

成为“人上人”！

“领导的心理战术”

成为领导，与成为音乐家和数学家是不同的概念。

成为艺术家、学者等，需要有遗传资质，或者说必须要有才华，而成为领导基本不需要什么特殊才能。

只是，需要懂一点“心理计谋”，并实际运用心理法则。

只需具备这些，就能够成为发挥领导力的人。

领导资质① 领导条件①

领导力中最不可或缺的是“智慧”

领导所必不可少的性格是什么？野心、积极的性格……但是，真正必不可少的是“头脑聪明”，即“智慧”。

美国阿克伦大学心理学科的罗伯特·劳德教授等组成的研究组，做了一个关于“性格”与“领导”之间关系的彻底调查。从以前发表的科学研究杂志中，一个不漏地收集了所有有关领导的研究。

最终得到了以下数据：头脑灵活、和谁都能谈得来，并且讲话特别有趣的人，再具体一点，即理解事物快、积极性高、喜欢挑战新事物的人。只有这样的人，才适合当领导。

当然，这只是理想，现实中不存在具备所有这些适合当领导的性格的人，这一点尽可放心。

需要指出的是，劳德教授所指的“头脑聪明”和学历高低完全是两码事。头脑聪明很容易让人联想到“名牌大学”，但劳德教授所说的头脑聪明，是指“头脑反应灵活”。即使学历很高，如果不能很快理解别人的话，必须让人反复做解释，这样的人不适合当领导。

相反，即使学历比较低，只要能迅速察觉到对方内心的微妙变化，并提前采取对应措施的人，就适合当领导。

但是，“头脑反应迟钝”的人也不必担心，因为头脑的反应速度是可以通过训练大大改善的。

肚子饿了
希望听到别人的称赞
希望听到鼓励
希望听到建议
待会儿邀请他去喝一杯

领导资质② 领导条件②

“企业风气”和“领导力”的相互关系

这样的企业风气，适合这样的领导，这样组织才能正常运转。那么什么样的组织，适合什么样的领导呢？

根据心理学知识，可将企业风气大致分为以下三种：“权威型”、“共事型”、“独裁型”。这三种各有优缺点，在下面的表格中做一归纳。

AT&T、P&G、福特等是比较典型的权威型组织。

在这样的地方，只要经营已经在某种程度上“成型”，就不会出什么大问题，因此形成了“规避新冒险”的企业风气。

如果是传统企业，已固定拥有一定的地盘和评价，领导就必须遵守权威型的企业风气。

共事型企业风气，一般比较适合民主式的领导。大家在一起协商，然后再做决定是最好的办法。

独裁型的企业风气，常见于单枪匹马、快速成长的企业。这种类型，一般只能持续一代，具有每换一代都有向权威型企业风气靠拢的倾向。

三种类型企业风气

	权威型	共事型	独裁型
决策方法	权威命令	讨论和同意	个人命令
管理方法	规则、报酬、处罚	集团式、相互	随机应变
权力掌握者	上位者	大家的意见	领导的意见
目标事项	服从	合意	自我实现
规避事项	违反规则、冒险	无合意	不忠实
企业内部关系	地位决定阶层	对等	自律
人际关系	组织式	集团意向	个人意向

（出自：沃伦·博尼斯、巴特·娜娜苏《领导力的王道》）

领导资质③ 领导条件③

枯燥的工作更需要“民主型领导”

领导总是发号施令并不好。当工作枯燥无味时，最好用员工喜欢的方式分配工作。

心理学上，把通过命令方式给员工安排工作的领导，称为“指导型领导”。相反，认真倾听员工心声的领导，被称为“民主型领导”。

如果工作或作业内容比较好玩、有趣，可以作为“指导型领导”进行指导。因为无论领导发出什么样的命令，员工最终都能高兴地去做。

但是，如果工作比较枯燥，就不适合当“指导型的领导”了。因为工作本来就很枯燥，即使他做出“做这个、做那个”的指示，员工也不愿意去做。况且，命令越强硬，员工越容易失去干劲。

这种情况下，为了不使员工抱有被命令“强迫去做事”的想法，最好让他们觉得是“自己选择了这项工作”，少做指示。

当然，这个一般性法则，已经被佛罗里达大学马斌·修和迈克尔·布鲁姆这两位心理学家通过实验做了科学验证。

工作趣味性和工作得分

	工作得分		
决策方法	领导力	非常有趣	非常枯燥
指导型	23.42	13.36	24.67
民主型	16.76	5.29	34.73

（出自：Show,M.E.&Blum,J.M.）

领导资质④ 领导类型

部下“喜欢”的类型，不同于部下“好评”的类型

无论是指导型领导，还是民主型领导，都有他们的过人之处，但在“领导风范”这一点上，“指导型领导”更受好评。

认真倾听全体员工心声的民主型领导，固然受到员工喜欢。但是，由于魄力不够，很容易被认为缺乏领导力。

西北大学的心理学家兰德尔·彼得森博士，通过一个受到严格控制的实验，测定了“领导风范”，并把指导型领导和民主型领导做了对比。

结果表明，不停发布命令的指导型领导，比善于倾听员工意见的民主型领导，更有“领导风范”。看下表即可一目了然。

如果把领导定义为“能使人行动起来的人”，那么，相对于民主型的领导，频繁发出命令或指示的指导型领导更符合。现在的上司，很多都要看部下脸色，做事畏首畏尾。心理学认为，如果想发挥领导力，就要毫不留情地下命令。

更具体地说，一味地倾听部下的心声，你的领导力势必会遭到质疑。

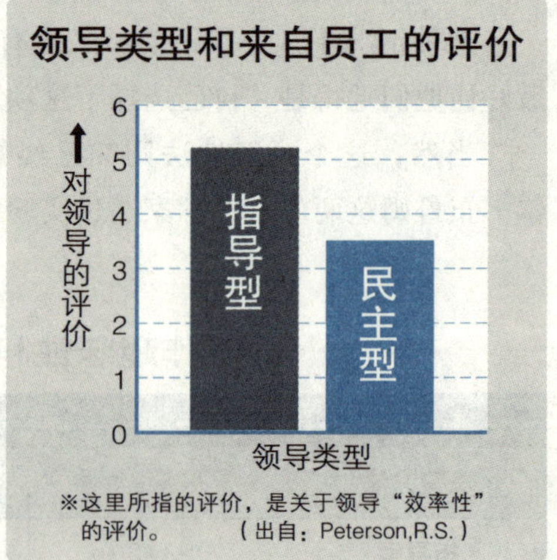

※这里所指的评价，是关于领导“效率性”的评价。 （出自：Peterson,R.S.）

领导资质⑤ 领导培养

一流企业使用的“领导培养方案”

根据在领导研究方面著名的卡西欧佩博士发表的一篇关于高效领导养成方案的论文可知，有一种具有良好效果的领导养成法。

经一流企业实施的领导养成方案认定，以下训练项目具有良好的效果。

① 使其产生拥有明确战略的动机

这项训练，使受训者站在经营者的立场，思考假如自己是经营者，会如何回答“你希望公司如何发展”这个问题。也就是说，经常对他说“假设你是总经理会怎么做”这类话，领导力慢慢就养成了。

② 使其养成设定目标的习惯

如果没有养成切实设定“工作做到什么程度”、“希望来年收益多少”这样的目标的习惯，就成不了领导。比如即使营业额有所上升，但离“自己设定的目标”还有一定差距的话，可以通过这项训练寻找失败的原因。

③ 尽量使人际关系融洽

学习使人际关系融洽的技巧，也是一项重要的领导资质。具体来讲，就是好好练习“说话神态”、“身体语言”、“手势语言”等。掌握不亚于演员的演技也很有必要。

④ 使其挑战新事物

对将来有希望的人，让他做新项目的责任人，或让他创立一个新部门。总之，让他学习从零开始做一件事情，为下一步接任领导工作打好基础。

怎么样？是不是对成为领导应该做什么样的训练有了大体了解？

领导的思想准备① 6个原则

须谨记在心的“L.E.A.D.E.R”原则

美国电机制造商GE公司，在管理人员培训现场，为介绍“领导”，取几个单词的首字母“L.E.A.D.E.R”，对大家进行培训。

这是管理人员培训中使用到的领导培养手册的内容，其重要程度使其直接变成了英语单词。

· L. Listen (“倾听”别人心声的思想准备)

领导最必不可少的不是“善于讲话”，而是认真“倾听”对方的心声。必须学会面对部下的“倾听艺术”。

· E. Explain (以别人能够接受的方式做“介绍”的思想准备)

领导必须善于做介绍。

一般情况下，想尝试新事物时，都会遭到大多数人的反对，因为人们总是对新事物表现出排斥心理。

但是，要想打破这种抵抗心理，向新事物发出挑战，介绍是无论如何都必不可少的。

· A. Assist (向他人“提供帮助”的思想准备)

领导要善于帮助别人，但并不是事无巨细都“我来帮你做”。因为那不是帮助，而是爱管闲事。

把部下能够做的部分委托给他们，当需要自己提供帮助的时候，一定伸出援手。这才是领导所应具备的姿态。

· D. Discuss (主动与别人“讨论”的思想准备)

领导必须具备总结会议的讨论技巧。

但是，所谓的讨论技巧，并不是仅仅在口头上蒙骗对方的方法。说出来的话，至少要能被对方接受。

・E. Evaluate (认真对他人“做出评价”的思想准备)

领导必须对所有人做出公平的评价，不能特别偏爱某些人。并且，尽量做出正确的评价。

无论口才多么好，性格多么积极向上，只要通不过人事考核，就当不成领导。

・R. Respond (恰当地“做出反馈”的思想准备)

领导必须善于对别人的话做出反馈。越是在陷入困难状况时，越需要巧妙周旋。

领导必须提前认真地准备一些“应答手段”。

瞄准最高位置的人，请认真体会一下以上几点。

L.E.A.D.E.R(领导)原则

L Listen
“倾听”别人心声的思想准备

E Explain
以别人能够接受的方式做“介绍”的思想准备

A Assist
向他人“提供帮助”的思想准备

D Discuss
主动与别人“讨论”的思想准备

E Evaluate
认真对他人“做出评价”的思想准备

R Respond
恰当地“做出反馈”的思想准备

领导的思想准备② 微笑效应

什么表情的人能掌握对话的主导权

提到一流的领导，人们眼前总会浮现出严肃的表情。其实这是一种偏见。实际上，影响力较强的人，往往是比较爱笑的人。

无论是参加公司内部会议，还是向部下传达指示，都要保持笑容。这对领导来说是不可或缺的一点。

发表了“经常笑一笑，就能当领导”这一学说的，是荷兰乌德勒支大学社会心理学研究所的艾克·卡卢玛博士。

他的实验以120名男大学生为对象，把他们分成3人1组，让他们就某一特定题材展开对话。然后分析在这个过程中，什么样的人成了掌握对话主导权的领导。

由下表可知，未对他人施加影响的人表情严肃（基本不笑），而领导都面带微笑。总之，要想打动别人，就要一直保持微笑。

有时可能会听到有人说自己坏话的传言，有时也会因为自己的意见在会议上遭到反对而生气。但是，身为领导，无论听到什么样的坏话，都要保持微笑，这一点非常重要。周围的人看到这些，肯定会改变对你的看法。他们会感叹：“那个人好有领导风范呀！”

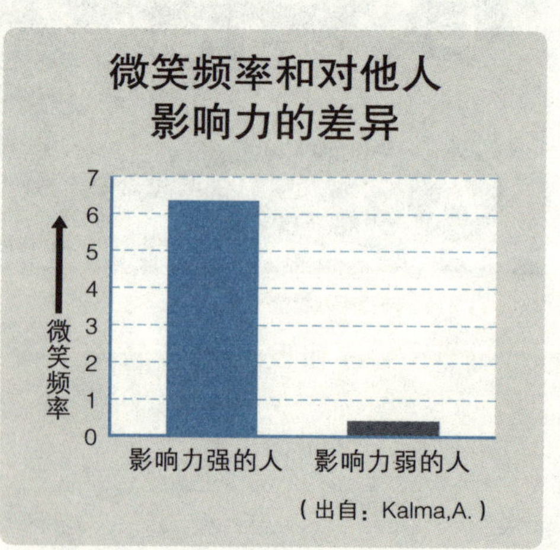

（出自：Kalma,A.）

领导的思想准备③ 对话控制

“说得过多的领导”会令对方讨厌

主导了对话节奏，自然就会被认为是领导。但是，“当领导时间长了，就不想再被人讨厌”的人，会采取控制谈话的策略。

为什么说话太多会被人讨厌呢？这是因为，你夺走了本属于对方的说话时间，对方也希望能有机会开口说话。如果不管不顾，一直不停地讲，必然会被对方认为“这个家伙真讨厌”。

这一心理学法则，经过了美国锡拉丘兹大学的戴维·斯坦库教授的验证。

根据他的研究，“讨论过程中说多少合适”这一问题，和“领导力”以及“好感度”之间，具有如下表所示的关系。

在小组讨论中，几乎不发言的人，会被认为不适合做领导，评定值呈现为负值。相反，主导对话且发言比较多的人，会被认为“有领导力”。也就是说，爱说话和领导力之间有正比关系。

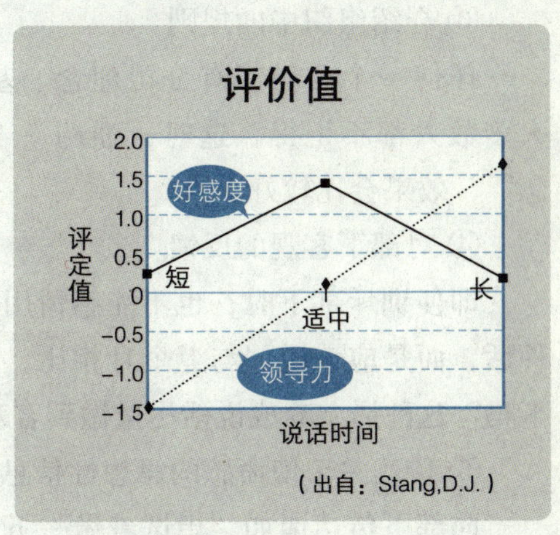

（出自：Stang,D.J.）

但是，好感度和说话时间之间存在曲线关系。也就是说，发言量适中的人最受好评，而不发言和发言过多的人都会招人反感。

领导的表演艺术① 传达重点

“有威望的人”怎么说话

要成为领导，学会说某些特定的话非常重要。也有爱讲笑话，总是引部下发笑的人，但不一定会被看做领导。

当以部下为对象时，领导必须表现出来的技巧有5个。说出这些话以后，会让对方觉得“那个人不愧是领导”。

① 职务内容方面的话要认真说

尽可能详细地介绍业务内容，新员工肯定会想“真是值得信赖的人”。这种敬意，具有令你内心的领导意识萌芽的效果。

② 介绍与其他职务之间的关联性

例如，在传授会计的工作时，不仅要教他怎么做账，还应该告诉他管理层要根据账簿确定经营方针，以及他的工作有什么意义等。

③ 介绍组织中的规则

任何一个公司都有公司理念、基本方针和禁止事项等。但是，大多数人都不记得。这时，强调一下“挑战，是我们公司的基本理念”，效果会比较好。

④ 对部下客观的反馈

即使训斥部下时，也不能感情用事地说出“你工作能力太差”这种话，而是应该说“与上个月相比，业绩跌了两个百分点。是有什么事吗”这种话，养成说话尽量做到客观的习惯。

⑤ 传达关于使命感的思想性信息

向部下传达诸如“想试着做一下这件事（计划）”或“在这件事上绝对不能输给任何人”等想法。

职务内容
关联性
规则
反馈
使命感

领导的表演艺术② 非“领导”

说话无聊的人不适合当领导

说话无聊的人很难被看做领导。美国北卡罗来纳大学的马克·莱昂利做了这样一个实验。

让学生们听几个人说话，然后根据他们说话的内容，判断其中谁是领导。

结果表明，“说话有趣”的人被判定为领导。那么，什么样的话会让人觉得无聊呢？总结有以下5个因素：

① 自我中心式……话题一直围绕自己

② 平凡……说话过于肤浅，话题一成不变

③ 缺乏感情……说话面无表情，从说话神态上感觉不到一点热情

④ 冗长……对对方的话题反应迟钝，停顿时间过长，说话不得要领，迟迟得不出结论

⑤ 被动……不发表自己的意见，只回应对方的话

反之，就是“说话有趣”的特征。

也就是说，话题不要一直围绕着自己，要倾听对方的意见，时而发掘出一些丰富的话题，说话时表情丰富一点，融入感情，迅速对对方的话做出反应，介绍要明了，清楚地表达出结论，切实传达自己的意见。

正式谈话的场合，请务必遵循以上几点。

说话无聊的5个特征

1 自我中心式
2 平凡
3 缺乏感情
4 冗长
5 被动

（出自：Leary,M.R.,et al.）

领导的表演艺术③ 积极性调动方式

赋予部下"小小的成就感"，激发他们的干劲

要想调动"一直对工作发牢骚"的部下的积极性，应该怎么办呢？这对经营者或上司来说，是一个饶有趣味的题目。

对这一课题感兴趣,并做了调查研究的研究者是美国耶鲁大学的理查德·哈克曼博士和爱德华·劳拉博士二人。

他们以某电话公司的208名员工为对象，测定了他们的"积极性"，并调查了与各种原因之间的关联。

结果显示，对员工工作动机影响最大的是"成就感"。赋予他们做成了什么事的成就感，是最能调动积极性的因素。

也就是说，要想提高部下的工作积极性，与其声嘶力竭地鼓动"再加把劲儿"，还不如多让他们做一些力所能及的工作。

当然，如果工作过于简单，他们可能会自负起来，因此下次需要安排稍微难一点的工作给他们。适当地提高工作难度非常重要。

让他们感受到成就感以后，不用你再去说服，部下的积极性自然会有所提高。因此，花心思考虑如何赋予部下成就感的上司，才能称得上是一流的上司。

员工的"积极性"

成就感	0.45
服务满足感	0.39
对职位关心程度	0.39
让员工产生责任感	0.30
有利于个人成长的工作	0.26
高质量的工作	0.25
对工作有自豪感	0.23
参与决策	0.23
受到领导的尊重	0.23
公司内地位	0.16
升迁速度	0.16
职位稳定	0.16

※数值是相关系数。越接近+1.00和"积极性"的关系越大。

（出自：Hackman,J.R.&Lawler,III E.E.）

领导的掌控艺术① 善于倾听

后辈、部下希望前辈、上司倾听自己的心声

我们都有希望他人能倾听自己心声的愿望。这是因为我们都有“社会欲求”。因此，有必要满足一下后辈、部下的这种欲求。

所谓社会欲求，就是希望听到他人的称赞、受到他人的好评、得到他人认可等欲求的总合。这种欲求非常普遍，存在于每一个人身上。

部下也是人，在某种程度也拥有这种社会欲求。因此，能够满足他们这种欲求的上司，更容易得到他们喜爱。

应该如何去应对这种社会欲求呢？

那就是最大限度地倾听对方的心声。当然，敷衍了事地一听而过是不行的，必须用真挚的态度去倾听部下的心声。

据卡尔加里大学的丹尼尔·斯卡里克博士的研究小组所做的调查，“认真倾听”部下个人意见的上司，会受到如下好评：

① 文雅

② 亲切

③ 有同情心

④ 热情

此外，如果组织中有这样的上司，员工通常不会偷工减料。

善于调动别人积极性而出名的人，都是“好的倾听者”。口才好未必能出名，但善于倾听他人心声的人则必定能出名。

此外，如果想成为“好的倾听者”，请在倾听部下的心声时留意以下7点：

① 抱着“好奇心”倾听对方

② 即使这件事已经听过，也要装作像初次听到般不停地随声附

和，用“然后呢”、“结果呢”，不断引出对方的话

③ 听的时候要看着对方的眼睛

④ 尽量保持沉默，除非对方征询自己的意见

⑤ 听的时候不要带着成见

⑥ 不要轻易催促对方

最重要的是，带着好奇心倾听部下的心声。如果用诸如“啊，是吗”这种马虎了事的态度去听，效果就减半。

另外，听部下讲话时适当做笔记也会很有效。即便是很容易理解的内容，也可以说“这个主意很有趣，我要记下来”，然后记在笔记上，这样就能够强烈表现出认真倾听部下意见的形象。

成为好的倾听者的7个要点

1. 抱着“好奇心”倾听对方
2. 即使这件事已经听过，也要装作像初次听到般那样
3. 不停地随声附和，“然后呢”、“结果呢”等，不断引出对方的话
4. 听的时候要看着对方的眼睛
5. 尽量保持沉默，除非对方征询自己的意见
6. 听的时候不要带着成见
7. 不要轻易催促对方

领导的掌控艺术② 标签效应

工作是否快乐，因“标签”而异

工作快乐与否，取决于自己如何看待这份工作、如何定位这份工作，这些对自己投入工作的姿态有很大影响。

在此列举以色列希伯来大学的阿纳特·拉法埃利做的一项研究。他就员工们如何看待自己的工作做了一下调查，并以迪士尼公司为例。

在迪士尼，大家把进公司上班称为“On Stage（上台）”，休息是“Off Stage(下台)”，被雇佣的人被定位为“任职”，顾客被称为“Guest（游客）”。也就是说，对员工来说，“工作=On Stage（上台），扮演自己的角色，让游客高兴”。这种工作方式，可以提高劳动者的工作积极性。

例如，假如游客在园内吃冰激凌时撒在地上了，迪士尼的员工就必须去打扫。但是，作为表演者，如何在做打扫的同时逗游客开心呢？有了这种视角，单纯的打扫卫生也就变成了逗游客开心的一种表演，变得有意义。

不是“去上班”而是“去表演”，不是“员工”而是“演员”。这样一种意识转换非常重要。

每个人都可以把这种窍门运用到自己的工作中。比如卡车司机，相比觉得自己只是物流机构中的一个齿轮，把自己看成正在帮助他人运载梦想的人无疑会快乐得多。如果你是在做事务工作，相比觉得自己只是在整理文件，何不认为自己是在掌管公司内部的信息流通，发挥着犹如足球队中中场球员那样有效的中介连接工作？

领导的掌控艺术③ 有效的批评艺术

批评必须具有“建设性”

批评部下时，难点在于“传达方式”。说得过于严厉，对方感情上会接受不了，可是又不能什么都不说。

批评部下时，应该尽量用“建设性批评”。所谓建设性批评，是指保全对方的面子的同时，委婉地把意见传达给对方。如果不遵守以下3点，建设性批评很容易变成破坏性批评。

① 不能否定对方的人格

② 说话留有余地，表明自己的批评中也有可能出现错误

③ 批评要具体涉及可以如何改善

美国柏杜大学的罗伯特·巴伦博士，做了下面一个实验。他让两个人一组，以谈生意为目的，围绕新产品进行对话。但是，其中一个人是捧场者，做建设性批评或破坏性批评都是事先确定的。

·建设性批评小组

“包装上再多花点心思？”“我认为还有改善的余地。”

·破坏性批评小组

“你提的全是些没用的意见！”“你的方案，真的有花心思做吗？”

结果想必大家都能预测出来，在受到破坏性批评的小组中，对捧场者的“敌意”较高。

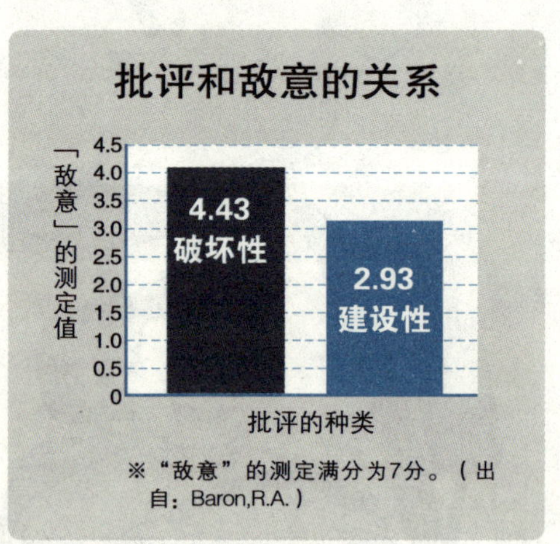

※“敌意”的测定满分为7分。（出自：Baron,R.A.）

善于称赞的人使用的“三明治法”

受到称赞，没有人会不高兴。虽然会不好意思或者害羞，但没有人因被称赞而不高兴。所以，善于夸人的人，才容易被人喜欢。

虽然称赞很简单，但要避免变成阿谀奉承，还需要一定的技巧。

从头到尾都极力赞扬的话，会给人虚假的感觉。要像《齐诺特博士教育法》中所介绍的“三明治法”那样，称赞时应该适当穿插一点批评。

正如从三明治一词联想到的，具体的称赞方法是：

1. 称赞
2. 建设性批评
3. 再称赞

按以上顺序进行。也就是说，把批评的语言夹在称赞的语言中间。

例如，用三明治法称赞人的话，像下面这样。

“你工作非常努力，我全都看在眼里了。”（称赞）→“只是，总感觉工作效率有点低。要注意这一点……”（建设性批评）→“好，继续加油吧，期待着你的成果。”（再称赞）

心理学数据显示，当称赞和建设性批评的比例大致呈“2比1”时，效果会比较好。也就是说，如果提出一条批评意见，那就用双倍称赞吧！有两条批评意见时，就必须用四条左右的称赞性语言。

只要掌握了这种称赞技巧，无论什么样的人，都能成为你的伙伴。恕我重复，我们中任何一个人，受到称赞后都会高兴的。

领导的掌控艺术⑤ 批评方法

“千万不要这样做”——不会批评的人易犯的禁忌

人们会很快忘记自己得到的称赞，却会永远记住自己受到的批评和呵斥。没有人会受到了批评还高兴，所以一般不能用批评。

上司批评部下时，很容易一下子变得过于意气用事，说出“你这个人私生活都不踏实”之类的话，涉及不相关的事情。这种批评方法，只会引起部下对上司的强烈反感，听上司这样说过一次之后，以后就再也不会听了。

可是，该批评的时候如果不批评，还是会出现同样的后果。因此，有必要了解一下批评时需要注意的禁忌。

“绝对不能说的话”，这些禁忌已经在心理学上得到验证。只要不违反这些禁忌，其他的说什么都可以。

美国教育心理学家齐诺特列出了“不会批评的人”的易犯的十项禁忌。如果不遵守这一禁忌，没有人能接受你。这些禁忌就是这么的不可触犯。

请看右表，这些就是应该遵守的禁忌。地位高的人，在批评人的时候应该遵守这些禁忌。

因为有这么多禁忌，或许有的读者会说：“那岂不是完全不能批评了？”确实如此。没有人会挨了批评还高兴，一般来说，不应该批评。即使要批评，也应该止步于说明事实，或追求原因，决不能触犯意气用事的禁忌。

请记住批评时有许多禁忌需要遵循，尽量不去批评下属的领导，肯定会成为好领导的。

批评方式的10个禁忌

1	脏话	“笨蛋”“简直是废物”
2	侮辱	“人渣”“你这种人，真是无可救药”
3	责难	“为什么做不好”“失败次数多了就无所谓了”
4	压制	“闭嘴”“别吵了”“不要说了”“不要让我看见你”
5	强制	“不要再说了”“不许反对”
6	威胁	“不……就炒你鱿鱼”“完不成饶不了你”
7	哀求	“拜托你，停住吧”
8	抱怨	“就是因为你才不行的”“公司体制太差”
9	收买	“这样做的话，我让你升职”
10	讽刺	“这样的错误都能犯，你可真了不起呀”

领导的掌控艺术⑥ 坏印象

令人讨厌的说话方式——3个禁忌

领导必须能得到部下的景仰。必须受部下喜爱。因为不被任何人尊重、遭到所有人讨厌的人，不可能无懈可击地扮演领导角色。

心理学家瓦福特博士等人组成的共同研究小组，开展了一项名为“这样的人遭人讨厌”的科学调查。结果表明，用以下3种方式说话的人，比较遭人讨厌。

① 急于评价的人

对方才说了没几分钟，就立刻做评价：“你是这种类型的人哟”。明明进公司还不到一个月时间，就做出多余的评价：“你这个人升不上去。”这样的领导，是最遭人讨厌的。

② 表现出明显的差使意图的人

如果表现出明显的说服意图，对方就会不高兴，甚至产生抵抗情绪。因此，无论是说服、命令、指示还是教育，都必须以自然的形式传达给对方，否则就会被看做“讨厌的人”。

③ 说话独断的人

无论有什么样的理由，说话独断都会成为遭到对方讨厌的原因。即使是微不足道的意见，如果说法过于刚强，就会给人留下独断的印象，这一点请注意。

以上3个禁忌就是心理学家瓦福特所指出的“遭人讨厌的领导”的典型表现。

如果想受人欢迎，应该注意尽量避免触犯这些禁忌。只要减去对自己而言的“污点”，即使不做任何受人喜欢的事，也不会留下坏印象。或许讨人喜欢很难，但不遭人讨厌还是比较容易做到的。

领导的掌控艺术⑦ 判断方法

工作中做出“正确判断”的条件

怎么才能做出正确的判断呢？美国堪萨斯大学的詹姆斯·向特博士，调查了医生、律师、证券分析家等做出的判断。

经过分析得出正确判断的条件，归纳出以下5条共同点：

① 观察对象处于静止状态

处于动态的东西，比如股价走势等，很难正确把握。

② 以具有反复性的事物为对象

从具有一定波动的事物容易看出规律性，也容易做判断。而事故、天灾等人类难以掌握周期的现象，则很难正确把握。

③ 能做出反馈的东西

自己的判断可以通过第三者，以某种形式得到反馈，在验证的基础上重新做出判断的情况下，正确率会提高。

④ 专家间判断一致的东西

一致性越高，正确性越高。

⑤ 简单的事物

当判断对象为单个或少数时，相对于由较复杂因素构成的东西，更容易提高判断的正确性。

以这一结果为基础，某种程度上可以事先把握商务场合中做判断的难易程度。

正确判断共有的5个条件

1 观察对象处于静止状态

2 以具有反复性的东西为对象

3 能做出反馈的东西

4 专家之间判断一致的东西

5 简单的事物

（出自：Shanteau,J.）

组织论① 组织变革

“组织变革”成功所需的5个要素

组织变革时的重点是什么？对此感兴趣、并围绕这一课题开展了调查研究的，是英国谢菲尔德大学的迈克尔·韦斯特教授。

日本的组织很难变革，这一点海内外的人都知道。尽管日本人想改变公司、改变组织，但是却很难实行。这是为什么呢？

无论制定出多少好战略和制度，只要渗透的过程不好，就不可能产生好的结果。此外，之所以采取了那么多新的解决方式，却都没有成功，恐怕是因为没有有效实现组织变革过程的理论。

于是，英国谢菲尔德大学的迈克尔·韦斯特教授，以英国27家医院为对象，做了一项有趣的调查研究。首先，下面将列出有关组织变革的3个判断标准。

① 强度

② 新颖性

③ 有效性

这些都是为了验证发生了多么大的改变、采取了多少新方式、结果多么有效的标准

根据这个标准，把实际变革是否顺利开展数值化后，发现下面的因素，对促进变革非常重要。

① 上司（管理人员）的支持

仅仅有员工的上情下达，组织整体的变革无法顺利进展。上司和管理人员的支持非常重要。

② 员工的参与度

仅仅有上面发出的指令，无法完成组织变革。要想实现变革，现场员工的积极参与是不可或缺的。

③ 变化的方向性

即使是一般变革，如果没有关于如何变化的愿景，也是不行的。并且，变革的方向是组成组织的每个人强烈期望看到的。

④ 目标的明确性

要想使组织团结起来，推进变革，目标不能是抽象的。目标通常都是具体的、明确的。

⑤ 创新比例

承担起变革任务的是组织中的每一个人。率先致力于变革的人越多，效果越好。

以上结果中，最值得重视的因素，还是上司的支持。

要成功实现组织变革，能够发挥领导力的上司和力量是不可或缺的。

"组织变革"成功的5个要素

1. 上司（管理人员）的支持（0.68）
2. 员工的参与度（0.64）
3. 变化的方向性（0.57）
4. 目标的明确性（0.53）
5. 创新比例（0.28）

※1.00：完全相关
−1.00：完全无关
（出自：West,M.A.&Anderson,N.R.）

组织论② 防止不正当行为

杜绝组织内的不当行为异常困难

在公司打私人电话，发私人邮件，擅自拿走办公文具……想必大家都见过这样的不正当行为。那么，如何防止呢?

关于杜绝组织内盗窃公司的备用品、发送与业务无关的邮件、做禁止事项等不正当行为，有一个有趣的调查结果，是由圭亚那乔治敦大学管理学专业的玛西亚·米歇尔归纳而成。

他以13000名在15个政府机关工作的公务员为对象，向他们提问“当你发现不正当行为时，会予以制止吗”这一问题。

回答采取匿名方式，结果69%的人回答“视而不见”。

对于“什么时候会出面制止呢”这一问题，回答是在以下3种条件下：

① 制止在自己的职责范围内

② 不用担心被报复

③ 无关紧要的事情

从这一结果可以看出，杜绝组织内不正当行为异常困难。

尤其值得注意的是，越大的不正当行为，越容易被“视而不见”。也许，为了有效防止不正当行为，有必要设置监视部门，或配置专门的职员。

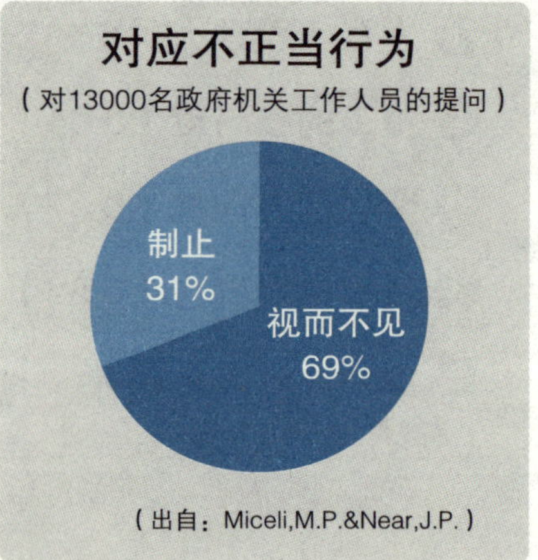

组织论③ 会议运营

反复开会后，思维方式极端化的原因

以会议上的谈话为基础，对大家的意见进行总结时，有时会朝着危险的方向走去，因为意见逐渐极端化了。这是为什么？

德国康斯坦茨大学的马库斯·布罗尔，把344名实验对象分为35个小组，让他们围绕核电、减税和动物权利等各种各样的题目，进行对话，并且观察谈话时的情景。结果发现意见比较极端的人之间有一些共通点。

当无数次重复自己的意见后，随着发言次数增多，对自己意见的固执程度会增加，并且意见逐渐走向极端化。向他人表明自己的意见后，可以说，“表明”这一行为会在无形中束缚住自己。马库斯把这种倾向称为“发言效应”。

在会议等场合反复表明自己想法的人，具有在不知不觉中执著自己说法的强烈倾向，这一点值得注意。此外，还需记住的一点是，向他人表明意见这一行为会束缚住自己，所以不要轻易发牢骚。

向他人倾诉自己对公司的不满，这样反复几次之后，不久这种不满就会变成自己的真实想法，最后有可能真的开始讨厌公司了，因为自己的心理会被所说的话拖到那一边。

所以，如果希望喜欢上这个公司，不妨向别人表明“我喜欢在这个公司工作”，这是一种有效的方式。

通过语言表达出来，传达给某一个人的行为，能定位自己的心情，这一点请充分了解。

专栏 7

身高和体型也会影响他人对你的评价

首先，关于身高。从高处俯视对方，可以在心理上占据优势。因此，个子高的人，更容易在谈判等活动中占据优势。

在谈话中掌握领导权也同样如此。所以，要选择比对方的椅子高的座位。

在美国，还有故意把谈判对手坐的椅子腿削短，或者把椅子的高度调低的事例。

其次，是体型。瘦人更占据优势。

以“是瘦还是胖”、“个子是高还是矮”、“头发是正常，还是稍有脱落”这些为判断依据，请人对几个选择题做出回答。关于“什么样的上司比较受欢迎”这一选择题，得出了“瘦一点比较受欢迎”的结论。无论是头发状态，还是身高，都不对评价产生影响。

这里似乎与前面提到的身高越高越好的结论矛盾了，但在领导受欢迎的条件和积极性评价上，体型偏瘦的人更受欢迎；在谈判场合，物理高度能发挥一定的效果。

体型评价

什么样的上司比较受欢迎?	看上去更积极?
偏瘦的人7.49分	**偏瘦的人7.87分**
VS	VS
偏胖的人6.81分	**偏胖的人6.92分**

（出自：Hamkins,N.E.,et al.）

专栏 8

如果有“高兴的事”，公司的请假率会有所下降

美国密歇根大学的艾德·佩达利诺委托一家物流物流公司做了这样一个实验，即员工出勤时可以领一张扑克牌。每周出勤5天，就可以领到5张，然后就可以参加扑克比赛，玩得最好的人还可以额外得到一笔20美元的奖金。

在进行这项比赛实验前，公司的缺勤率是3.01%，实施后下降到2.46%。降低比例竟达到18.27%。或许可以说，员工们出于对扑克比赛的兴趣，提高了上班的积极性。原来这样小小的举动，实际上还发挥了提高出勤率的效果。

另外，在某公司开始在业务中引入电脑时，调查了促使员工们提高操作熟练度的主要因素，结果表明是“乐趣”。只要觉得电脑有趣，就能够快速提高熟练度。

人们能够集中精力在自己感兴趣的事上，如果不感兴趣，当学习成为一种义务，就会觉得学习难度很大。在商务中，这一点也是不容忽视的。

扑克比赛使请假率降低

（出自：Pedalino,E.&Gamboa,V.U.）

第5章

克服心理弱点！

“心理训练法的心理战术”

当遭遇到瓶颈时，该如何突破它呢？
克服每个人都要面对的心理弱点，
是成长必不可少的条件。
以维持现状为目标的人，不用突破这个壁垒，也无法成长。
换个思维方式，突破壁垒，也可以是一个打破自身既存概念的机会。

障碍的突破① 心理障碍

从心理学角度思考“障碍”的存在

“心理障碍”明显是一个“个人评价”的东西。换言之，也可以说“自我评价”。心理障碍由个人的成见形成。

不以客观事实为依据，仅凭个人对某一事实的评价，有时会给自己造成心理障碍。换言之，心理障碍是自己造成的。

客观而言，无法断言所有人的心理障碍都是相同的。心理障碍的程度也是由自己决定的。个人偏见是形成心理障碍的主要原因。

无论是思考，还是人际关系，都是如此。例如，对自己做出“这个工作对我来说太难了”的评价后，它就会成为心理障碍。从那一刻起，心理障碍开始存在。

可是，对个人评价产生影响的东西是什么呢？那就是人生历程中的经验、成功和失败的记忆。这些东西会在耳畔低声私语：“你曾经在这样的时刻失败过”。这种内在的声音，形成了个人评价。例如，在知道面前的谈判对手比自己年长的一刹那，就会被这样的感情支配，产生“对这个人有心理障碍”、“对这个人没有一丁点的好感”、“在这个人面前我无法正常说话”等想法。

之所以会产生这种想法，或许是因为自己以前曾经因为与客户谈判失败，给公司造成损失，而受到人事降级处分的经历，恰巧当时的谈判对象又比自己年长。因为这种惨痛的经验而在潜意识里告诉自己“我不擅长与年长的人打交道”的自我评价。这就是心理障碍。

ABCD……
NoNo…

障碍的突破② 障碍·自我期待

在自己和他人之间制造“障碍”的是自己

纽约州立大学的心理学家马斌·戈尔德弗里德和唐纳德·萨帕辛斯基做了这样一个调查，即什么性格的人容易“对人焦虑”。

调查结果显示，对人焦虑倾向最强的人，是觉得自己肯定可以做到任何事，自我期待值过高的人。

其次，是有对任何事都过分担心倾向，并给自己带来不良后果性格的人。

再次，是倾向于急着向对方做出反应的人。这类人一有什么事，表情立刻晴转阴，马上把自己内心的不满表现出来。

第四，是被认可欲求较强的人。一旦希望被对方认可的心情过于强烈，就会产生更高的焦虑。

第五，是逃避责任的人。对任何事都不愿意承担责任的人，也具有较高的对人焦虑症状。

以上列举了容易产生“对人焦虑”的5类人。鉴于此，要防止人际交往中出现焦虑现象的解决方法，只须像下面这样，把调查结果颠倒过来即可。

①不对自己抱过高的期望

②不过分担心结果

③不急于做出反应

④希望得到认可的心情不要过于强烈

⑤成为有责任的人

期待过高会造成强烈的焦虑

	自我期待值与对人焦虑测试之间的相互关系（R）
过于担心	0.55
易怒	0.45
承认欲求过强	0.43
不想承担责任	0.36
自我惩罚倾向	0.27
逃避问题的倾向	0.18
认为自己无论做什么	0.17
都不行的放弃心理	0.12
依赖他人	0.07

※相互关系表示越接近1.00，变数之间的关联性越强。
（出自：Goldfreid,M.R.&Sobocinski,D.）

障碍的突破③ 多米诺思维

停止产生负面情绪的“多米诺思维”

我们的思维，一旦放任起来，就会不断朝极端的方向发展。如果不有意停下来，会跑得无边无际，就像多米诺骨牌不断倒下去一样。

假设有一位同事，总是随手从你办公桌上抽走一个文件夹，却从来不归还到原位。就算你对他说“不帮我放回原位的话，我会很难找”，或拜托他“麻烦你不要随意拿走我的资料”，他也只是说“知道了、知道了”，但还是一点都不见改观。这时，你的思维，就会陷入如下表中那样的多米诺思维。

这种阶梯式变化，就是多米诺思维的特征。如果不在某一个地方使它停下来，你就会变得“非常烦躁”，不仅如此，你对同事还很有可能会发展成“敌意”或“杀意”。

那么，应该如何使多米诺思维停下来呢？不轻易下整体结论的态度非常重要。

例如，停止轻易做出“同事‘从不’听我说话”这种评价。正确把握事实，不妨想成“每周大概有两次不听我说话”。

思考问题时常使用“绝对”、“一定”、“总是”、“每天”、“百分之百”等副词的话，无疑会陷入多米诺思维。

如果你发现自己有这些问题，请今后注意尽量客观地思考问题。

产生负面情绪的“多米诺思维”

怎么那么固执呢

▼

难道不知道这样我会很难办吗

▼

真令人生气

▼

下次再这样非揍他不可

▼

揍他都不解恨，简直想杀了他

情绪控制① 对别人评价的对策

一旦被“别人的评价”牵制住，思维就会停止

在考虑对方怎么看待自己的时候，人的思维很容易停下来。尤其是在想展现良好状态时，思维更容易停止。

出于本人意愿，希望考上一流大学，这很正常。但如果一开始就考虑考不上会被父母训斥、想让恋人看看自己多厉害、希望得到学校老师的夸奖等自身以外的评价，开始在意别人的眼光时，思维就会立刻陷入停止状态，想不出好主意。

心理学上，把这种自身以外的评价称为他人评价，或他人观念。

日本东北大学的斯科特·巴尔蒂斯教授的研究小组开展了这样一项实验，让通过两种方式召集起来的学生们，围绕同一个课题出主意。

首先告诉他们，采用提前逐个说明哪一个人出了什么主意的方法。结果参加者们做好了准备，发言却都不怎么积极。

然后又告诉他们采用把大家的主意混在一起分析的方法。结果，参加者们提出的主意的质和量都有了很大提高。

原因在于，他们感受不到他人评价了。

在意他人的眼光而得到好结果的现象，在心理学上不可能发生。在意他人的评价只会增加负面压力。

巴尔蒂斯教授的实验结果还证明，压力是由自己设定，而不是由他人施加的。

例如，当部下接到上司的命令“下周之前想出10个好主意”时，心理学家会预估部下不可能拿出领导所期待的结果。结果也大致如此。

他人带来的压力，百害而无一利。不过，自己设定的目标则另当别论，属于正面压力。

自己设定一个在下周之前拿出10个计划书的目标，是没问题的。

当你埋头解决一个问题，不得不拿出一个主意的时候，不妨先问一下自己，这是不是自己真正想做的事，这一点非常关键。

若强加给自己的压力很大。不仅做得不开心，效率也提高不上去，自然也想不出好主意。

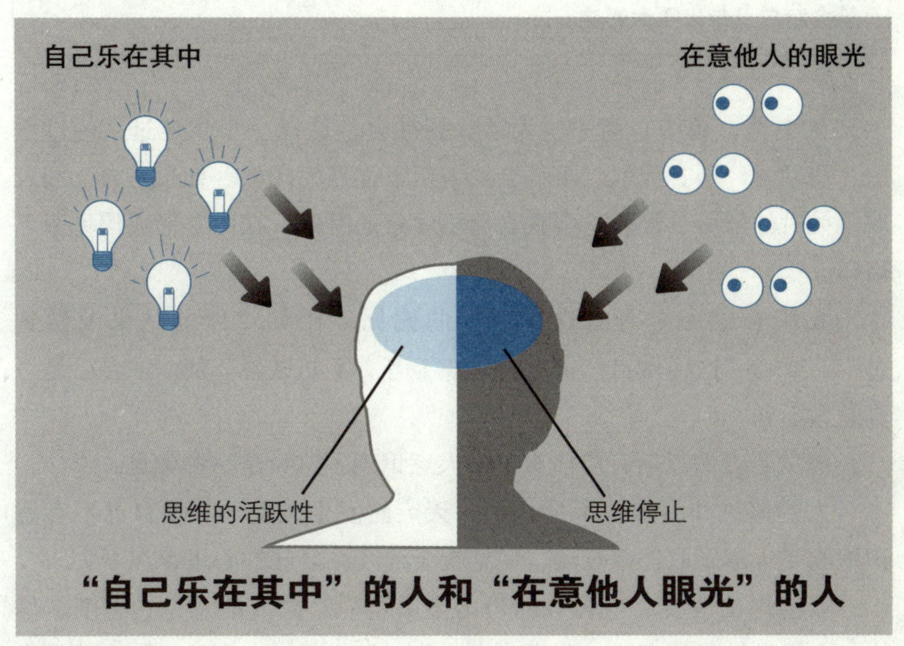

“自己乐在其中”的人和“在意他人眼光”的人

情绪控制② 意识到偏见

一旦产生“偏见”，将什么都做不了

偏见对人来说是一个极大的影响因素，因为过去某段时期发生的事、经验会给自己带来重大影响。

从小学、初中、高中、大学，到社会，这样一步步走过来的过程中，初期的经历、经验、事件会给人留下强烈的印象。如果是自己刚入职不久时的经历、经验，会在自己不注意的时候，在内心形成偏见留下烙印。

我们心中一定会有这样那样的偏见，比如“以前从来没做到过”，或者“这样做自己肯定会碰壁”等。不妨试着怀疑一下自己是否真的做不到。

尝试着去做以后，应该有很多人意识到了这只是一种偏见。

人的偏见和习惯，不会在某一天突然发生改变。只要自己不有意识地改变、不采取任何行动，偏见就会继续在自己的心里存在下去。

要想做出改变，应该如何迈出第一步呢？对人的意见、态度、信念，全部是学习的产物，要想改变这些，只能通过“再学习”。即越过障碍，改变自我的方法。扔掉以前学习的东西时，要用“消去”这个词，也就是说，先扔掉坏习惯，然后再学习好习惯。如果不做这些，就无法改变。

已经学习到的东西，是经过几年几十年形成的东西，或许不可能一朝一夕之间改变。因此，需要坚持不懈、不急不躁地进行再学习。

情绪控制③ 解除负面情绪

故意回忆坏情绪的解压法

如果心中掀起了不平、不满、压力等负面情绪，千万不要置之不理，要积极地消除负面情绪。

平复情绪方法之一，是“回忆法”。不是对坏情绪视而不见，而是通过有意在头脑中反复回忆自己感受到坏情绪的场面，然后习惯它。

当然，回忆负面情绪是一件很痛苦的事。把被客户非礼、被恋人甩掉的场面等回忆起来，除了痛苦还是痛苦。

因此，运用回忆法时，还可以采取“再加工法”，对负面记忆进行加工，从而弱化感情。具体方法如下：

①状况再加工

②对话再加工

③把当时的情绪重新加工为不痛苦的情绪

也就是说，希望弱化负面情绪时，可以在想象中置换事件，置换当时对话内容，把“非常后悔”的情绪置换为“有点失望”的情绪。尽量把它置换成以圆满结局的趣闻。这一点非常重要。

弱化负面情绪“再加工法”

1. 重新加工状况
2. 重新加工对话
3. 把当时的情绪重新加工为不痛苦的情绪

情绪控制④ 不遭人讨厌的说话艺术

名僧良宽和尚的说话之道——16个建议

自己正认真说着呢，一不小心，对方就已经生气、不高兴了。这时候，就要从自己的“说话方式”找原因。

自古以来，遭人讨厌的人说的话都没有发生过改变。

有一个经常在故事中以主人公登场的名僧——良宽和尚，他提出了说话时中需要注意的16条“戒语”。下表列出的就是遭人讨厌的人的特点。

日常生活中，请一定要注意，不要一不小心犯下这样的错误。

良宽和尚的建议，在现代依然非常实用。所以，根据这16个特点，采取与这些相反的行为即可。

全部都是常见的问题，如果不希望自己被别人这样对待、不想被别人讨厌的话，注意不要做就好了。

说话遭人讨厌的16个特点	
1 说话过多，喋喋不休	9 说大话
2 粗暴	10 私人场合谈论公事
3 说话过快，听不清楚	11 说话像吵架一样
4 一直说个不停	12 不服输、爱找借口
5 胡编乱造	13 打断对方的话
6 说话冗长	14 欺骗小孩儿
7 爱插嘴	15 说话前后不一致
8 迟迟不结束	16 轻易作保证

增加谈话次数，大家会逐渐打开话匣

“习惯”这一要素，在人际关系中发挥着很大的作用。所以，对感觉到壁垒的人，我们都会给出“好了，跳进去试试吧”这样的建议。

美国爱荷华大学心理学专业的托马斯·波尔科贝克博士开展了这样一项实验。首先，他针对250名男大学生做了一项心理测验，测试他们面对与人打交道、与人说话、被别人提问后回答问题时的不安心理，然后把他们分为社会不安倾向高的小组和低的小组。

让两个小组中的人，他们之间都是初次见面。分别变换3次场所，随意讨论任何问题。结果，两组中都是第2次对话比初次见面的第1次顺畅多了。

归根结蒂，大多数对人际关系表现出的不安，几乎是自寻烦恼。因此，拿出勇气，不用采取主动向对方打招呼之类夸张的行为，只需不假思索地说出“早上好，我可以加入你们吗”，主动参与进去，道路自然就打开了。

装作不经意地提出一个话题，比如“今天天公真是不作美呀”，对方自然会相应地做出反应。实际参与进去之后，认为“没什么大不了的嘛”的人，比“果真不行”灰心丧气的人多多了。

具有强烈不安倾向的人，经过多次练习，也会变得很健谈

	第1次	第2次	第3次
不安倾向高的人	25.6	63.0	61.7
不安倾向低的人	37.9	73.2	66.5

※数值，是指发言“数量”。
（出自：Borkovec,T.D.,et al.）

人际关系① 壁垒·人际关系

人际关系中产生壁垒的8个原因

可以说，不认真听对方说话，会使自己处于容易制造壁垒的状态。只要学会了倾听，双方的人际关系就能变得顺畅。

出于以下原因，人会不愿意听对方说话，然后导致人际关系因此变糟。

① 爱和自己比较……听对方说话时，总是不自觉地与自己做比较。

② 依赖读心术……不直接听取对方的话，而探究对方内在意图。不注意听对方话里的关键内容。

③ 对下一个话题做彩排……看着对方的脸，并不时地点头附和，脑子里却在盘算接下来应该说什么话题。

④ 喜欢提建议……总是以规则为基准，用“总之，职场就是这样”之类的话做引词，喜欢不停地提建议。

⑤ 天马行空……爱空想，喜欢做白日梦。明明正谈着工作呢，脑子里却在想晚饭吃什么等问题。

⑥ 认为自己总是正确……无论对方是谁，无论什么主题，都强调自己正确。这样的人，不会对对方的话产生共鸣。

⑦ 疲倦时（自己）……因为身体劳累而提不起精神，或者感觉到压力时，不认真听对方讲话。

⑧ 感受到时间上的压力时……在不得不转移到另一项工作上等时候，会静不下心，无法认真听对方说话。

只要你意识到以上提到的内容，并勇于改正自己的不足之处就有可能成为善于倾听的人。

昨天呢
我的猫……

人际关系② 压力对策

“结果无所谓”的思考方式

造成人际关系壁垒的最大的因素恐怕就是压力了，也可以说是标准或要求。要减轻这些的影响，应该怎么做呢？

关于训练法中其中一个减压手法，美国精神训练法第一人吉姆·莱尔，在其著作《精神·韧性》一书中，指出在一般情况下，下列5种思维方式很重要。

①结果怎么样都无所谓

②集中在自己的表现上

③快乐地投入到眼前的工作

④失败了还有下次

⑤天塌不下来

著者认为，其中②和③特别重要。有的人看到结果不理想，会感到灰心丧气。所以，不要过于期待结果。

心理学上，有一个著名的理论叫“期待理论”。当结果没有达到自己的期待，这种差距会催生不满情绪。相反，当结果超过期待会高兴。

想拿100分的人，拿到98分后会非常郁闷，因为他要求高，这2分的差距会催生不满情绪。另一方面，拿到70分就满意的人，拿到98分后，则会产生意外的惊喜。

抗压思维训练

1. 结果怎么样都无所谓
2. 集中在自己的表现上
3. 快乐地投入到眼前的工作
4. 失败了还有下次
5. 天塌不下来

人际关系③ 解压方法

碰壁后，花1分钟时间看看远方的风景

苏格兰的赫瑞瓦特大学教授组织行为学的阿尔弗莱德·基南教授，以800名年轻工程师为对象，做了一项关于压力因素的调查。

调查结果显示，最大的压力来自人际关系中的冲突，占16.3%。第二位，是所从事工作的性质，占15.4%。第三位，是工作量，占8.0%。第四位，是雇佣条件中薪水、出勤时间、夏季休假等因素，占6.9%。第五位，是自己的位置，即职位或职能，占4.3%。

不过，有快速、简单地消除这种压力的方法。那就是，尽量多看一下远方的风景，时间为1分钟左右。这是认知疗法的一种，因为转换视角可以发挥心理机制的效果。

此外，据心理学数据分析，人在焦虑时，相对于看直线型的东西，如看三角形和四方形，看圆形和流线型的东西更能缓和心情。因此，如果视野中只有建筑物的话，尽量从视野中寻找使用圆形曲线的建筑物。

另外，设一个目标，然后从自己的办公桌走到那里，并认真数一下步数也是一个妙招。这也是认知疗法的一种，巧妙运用了人在一个场景中只能思考一件事情的特性。

也就是说，要把注意力集中到其他事情上，转移对生气事件的注意力。

压力形成原因	
人际交往中的冲突	16.3%
工作性质	15.4%
工作量	8.0%
雇用条件	6.9%
职位、职能	4.3%

（出自：Keenan,A.&Newton,T,J.)

解压① 记录法

写日记是最好的解压方法

压力和烦闷的心情，可以通过书写发泄出来。在心理学上，这也是一种合乎情理的办法。而且还对血压和免疫系统有好处。

有这样一种说法：灰尘和压力会在不知不觉中堆积起来。如果不打扫，一直任其堆积下去，很可能会带来极其严重的后果。然而，为了解除压力，每天晚上都喝点酒，又只会伤胃、伤肝。所以需要一种更加健康的解压方法。

那就准备一张纸，试着把自己的心情一股脑写下来。

“×月×日，今天，我讨厌上了那个叫做×××的顾客。特别不喜欢那种眼神！下次再见到他，一定打得他满地找牙！”

这样写出来后，心情会舒畅很多。这就是精神的净化作用。

位于美国达拉斯的南循道卫理大学的心理学家詹姆斯·佩尼贝克博士指出，每天花15到20分钟时间，把三到五天以来积累下的压力写在纸上，大部分压力就会被风吹得无影无踪。

佩尼贝克博士指出，把压力写在纸上，不仅主观上会感觉到心情舒畅多了，还能为血压和免疫系统带来意想不到的好处。即不仅对心理有效，还具有生理效果。如果不想写在纸上，也可以写在自己的博客上，把“今天，遇上了这么一件倒霉事”放上去，也是一个好办法。说不定还会收到有同样烦恼的人发来的同情或鼓励的邮件呢！

顺利解除压力，是成为工作强人的第一步。

解压② 杜绝不安心理

“精神支柱”越多，越容易消除不安心理

有的人之所以总是不安，是因为支持的人太少。反过来说，人际关系融洽，出现问题时，能很快获得帮助的人，情绪会比较稳定。

美国加利福尼亚大学的迪恩·西蒙顿教授（心理学），调查了2026名著名的科学家和发明家，发现极少有孤立的天才。

天才们，一定拥有乐于奉献的父母或榜样。因为他们一直受到“他人的支持”的鼓励，才能做出显著的成绩。

如果没有了支持，我们会倒下去。

据西蒙顿教授分析，在支持天才方面发挥最大作用的是“父母”或“养父母”（得分为21.6分），第二位是“熟人”（20.9分），接下来依次是“对手”（20.0分）、“优秀的长辈”（18.0分）、“老师”（17.6分）。

当你发现仅靠自己的力量，无法解决好这一问题时，请立即向身边的人请求帮助。这绝不是什么值得难为情、不好意思的事，而是战略性地实施情绪管理的好方法。

当然，要想做到你刚求助，对方就立即回答“没问题”，平时的人际关系就显得非常重要了。因为如果平时行为傲慢，对人一点都不亲切，自己遇到困难时，估计也无法说出“帮我一下”这句话吧。

理想状况是，对自己接触到的所有人都表现得亲切一点，然后尽量避免与自己无论如何都喜欢不起来的人接触。

解压③ 消除低落情绪

让身体动起来，有利于消除抑郁

一般情况下，人情绪低落时，会不愿意动，让身体积极行动起来，容易驱走低落状态。当身体行动起来，心情也会随之改变。

瑞士伯恩大学精神学专业的西克弗里德·弗莱伊教授通过实验证明，抑郁状态和身体行动之间存在一定的关联。

他把患者们的状况用摄像机录了下来，调查他们的行动和从抑郁状态恢复情况之间的相互关系。身体不怎么运动的人的痊愈率为31.04%，与此相对，经常运动的人的痊愈率为43.74%。也就是说，身体多运动，可以更快地消除郁闷的心情。

但是，一般情况下，人情绪低落时，会不愿意运动。烦恼的时候，也会没有力气运动。休息的时候，如果心里很疲惫，很多人都会选择在家里睡觉。

但是，只有身体积极运动起来，才更容易把这种低落的状态赶走。身体运动起来，心情也会随之改变。如果待在那里不动，心情也会一直郁闷下去。

因此，如果客户那边的工作进展不顺，心情低落地回公司时，会不由得想坐出租车，其实这时候，最应该快步走一走。走路也是一个办法。心情不好的时候，不妨多走走！

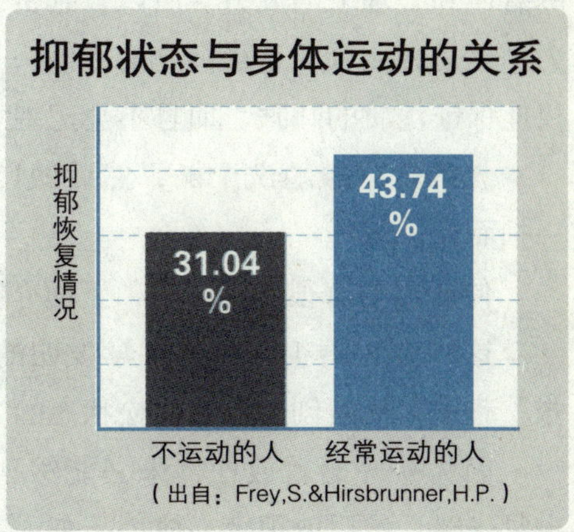

解压技巧① 主动休息法

“主动的休息”比“被动的休息”更有效

身体累的时候，大家都要休息。但是，心累的时候，通过散步、做瑜伽、伸展等，使身体积极行动起来，是最有效的解压方法。

没有干劲儿、没有能量、疲劳感很强等症状，是身体想要休息的征兆。

但是，如果说只需多睡觉就能解除疲劳，那是不可能的。

睡觉、晕晕乎乎地看电视的休息，是“被动的”休息，能够通过这些恢复的，主要是小压力。读书、深呼吸、看电视等被动式休息，可以在消除小压力的时候使用。

而当压力比较大时，应该采取“主动的”休息。主动的休息包括散步、瑜伽、伸展、钓鱼、倒立等。在使身体积极运动起来的同时，消除心理上的疲劳，才是目的。

累的时候立刻钻进被窝，或许可以补充一些睡眠，但无法完全消除身体和心理上的疲劳。所以，到了第二天，仍然会觉得身体困倦、无力。但是，如果在进被窝之前，做一下伸展运动，或者其他轻运动，不仅能保证优质的睡眠，而且不会把困意带到第二天。

先舒舒服服地洗个澡，然后做15分钟的伸展运动，就能够使疲劳一扫而光了。

伸展运动有很多种方法，下面介绍一种身体打开训练法。

这种方法由美国哈佛大学发明的，是一种通过先故意使肌肉“紧张”起来，从而创造自然放松状态的方法。

因为一开始就放松，未必能够顺利放松下来。作为前奏，先制造出紧张感，然后就很容易放松下来了。

例如，当别人告诉你“胳膊放松”时，通常无法顺利放松下来。但是，如果有人说“两臂运力，保持10秒钟”，十秒钟后，再说“可以放松下来了”时，胳膊反倒很容易放松下来。

每周2～3次，利用工作休息时间或下班回家后练习一下，你会发现僵硬的身体竟然可以放松下来了。

相对于单纯靠睡觉让身体休息，运用这种训练方法，可以取得更好的放松效果。

解除精神疲劳的训练方法

第1步 找一个安静的地方，身体靠在椅背上。如果在办公室，可以靠在带靠背的椅子上，或者靠在墙上也可以。然后闭上眼睛，反复做几次腹式呼吸。

第2步 胳膊前伸，双手握成拳，尽量握紧并坚持10秒钟。10秒钟后，张开双手放松一下，连续做3次。

第3步 两肩放松，在脖子周围的肌肉上用上力，并坚持10秒钟。然后，解除紧张状态放松一下。连续做3次。

第4步 在胸部和腹部用力，坚持10秒钟。然后，快速抽力。把这个先紧张后放松的动作，连续做3次。

第5步 跟前面一样，按照从大腿、小腿到脚趾的顺序，先保持紧张状态10秒钟，然后放松10秒钟。

第6步 最后，充分放松全身肌肉，做一次深呼吸，然后睁开眼睛就可以了。

解压技巧② 理想的人物形象

人际关系的诀窍在于“尊重对方”

我们喜欢的人，都有一定的共同点。受人喜欢的人，大家都喜欢；遭人讨厌的人，会一直被讨厌。

拥有心理学博士学位的经营顾问阿吉·约旦指出，受到大家喜欢、让人感到愉快的理想人物形象，有以下4个共同点：

① 接受对方原来的样子

即使没有任何变化，他也会欣然接受你原来的样子，这种姿态比较受欢迎。

② 为人慷慨

慷慨奉献，不仅在金钱方面，时间和精力方面也积极奉献。也就是说，乐于助人的人更受欢迎，这一点千真万确。

③ 对对方表现出好奇心

表现出你对对方的行为、喜好、爱好、才能等抱有浓厚的兴趣。表现出对方无论说什么你都喜欢听的样子，对方肯定会高兴。

④ 喜欢对方

只要说“我喜欢你”，无论对方是什么样的人，都不会不高兴。只要对方不是特别讨厌的人，无论是同性还是异性，被人喜欢肯定都会很高兴。

建立良好人际关系的诀窍最后可以归纳为——“请尊重所有人”。

受欢迎类型的人的4个共同点

1 接受对方原本的样子
2 为人慷慨
3 对对方表现出好奇心
4 喜欢对方

（出自：Jordan,A.）

解压技巧③ 获得共鸣的艺术

与关系很僵的人之间的关系修复法

与对方关系闹僵后，最重要的是积极和对方说话。性格上无论如何都做不到这一点的人，还可以用这种遵循法。

美国巴迪大学的心理学家罗伯特·巴伦，做了这样一项实验：让两个人围绕公司的新产品和新地址展开对话。但是，两个人中的其中一人，是巴伦教授安排的捧场者。捧场者的任务，是无论如何都要反对对方的意见，使对方不愉快。然后，在之后的休息时间里，实验如何恢复两人之间的关系。

对双方而言，到底应该如何有效修复关系呢？

第1个解决办法是让捧场者送礼物给对方。例如劝对方吃巧克力或喝果汁，试着让对方的心情缓和下来。

第2个办法是赢得对方的共鸣。例如向对方这样坦白："最近实在太忙了，神经有点紧张。可能刚才有不当之处，还请见谅。"用这样的方式，缓和对方的心情。

第3个办法是幽默战法。提起一个与刚才的话题不同领域的话题，使对方感兴趣，从而缓和对方的心情。

试验了以上3个办法后，征询了对方的实际印象，测试了一旦感情被伤害后，能在多大程度上转为好感。

结果表明，第2个赢得对方共鸣的办法最有效。解释一下自己为什么反驳对方、为什么会说出挑衅意味的话，对方更容易接纳。

自我表现艺术 提高好感度

提高"好人缘"的9个技巧

商务人士生存中所必需的、最强、终极的武器，就是"好人缘"。这样的人，即使工作中有失误，也不会被计较。

好人缘，可以通过以下9个技巧得到：

① 巧妙"附和"对方的意见

要掌握不违背对方的意见、巧妙附和对方意见的技巧。

② 若无其事地多方照顾的"纯朴性"

对方抽烟时帮其点火，或者揉揉肩。就从一点一滴开始练习吧！

③ 抑制自己意见的"自我控制"

即使收到的命令很过分，也要说"是"。不过多考虑是诀窍。

④ 从对方脸色窥探对方内心的"解读"技巧

当上司提到"这个"、"那个"、"那一个"时，要能立刻明白是怎么回事。

⑤ 做出可靠判断的"客观性"

提起客观性，有点"暧昧不明"的意味。做事八面玲珑是根本原则。

⑥ 展现不同的"印象操作"

学会自由转换生气、悲伤等时候的情绪表现。

⑦ 感情始终处于平静状态的"情绪稳定性"

要使感情处于平静状态，不过分勉强自己很重要，强撑着不利于心理健康。

⑧ 互相传达心情的"亲密"

要产生亲近感，最好的方法是聊聊"心里话"。

⑨ 话题丰富、具有"机智性"

话题变化要具有一定的宽度，否则表面的知识会立刻暴露。

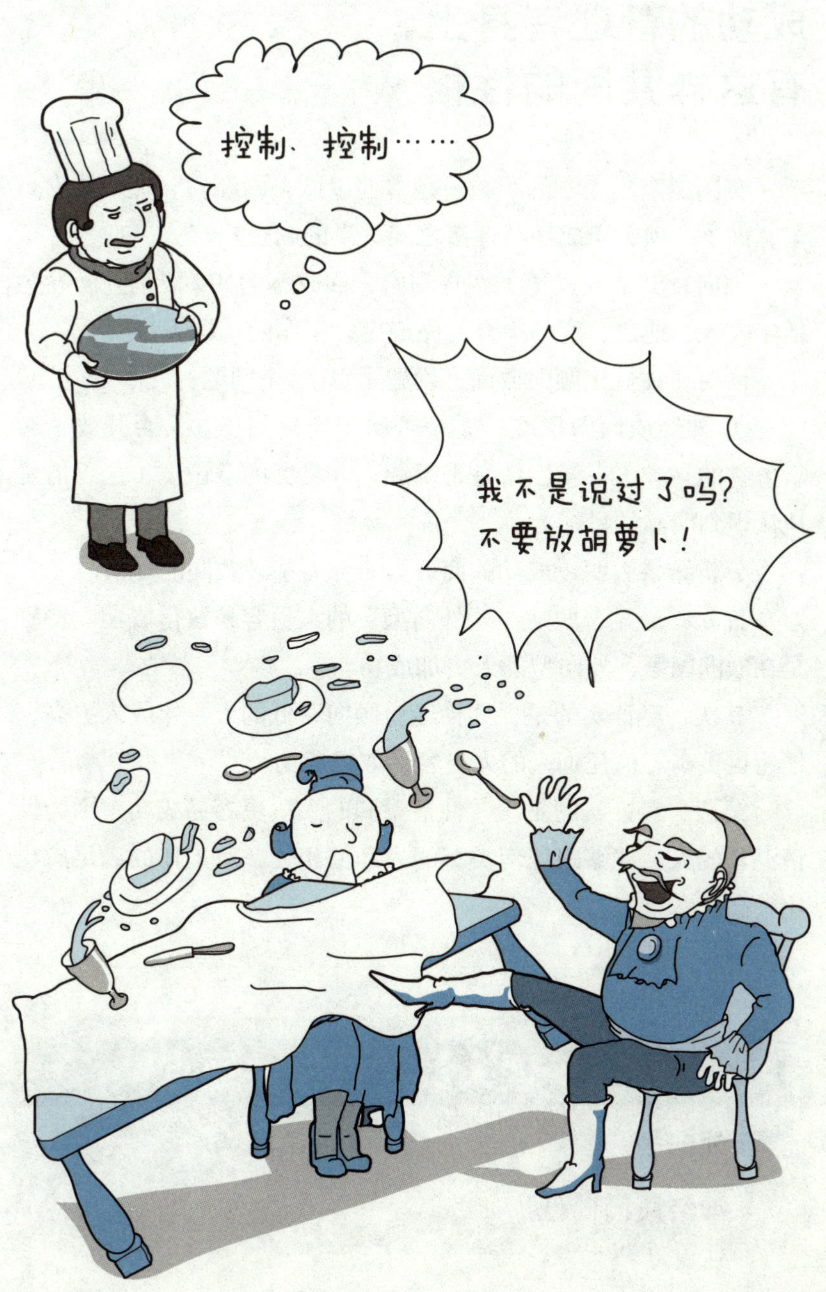
控制、控制……
我不是说过了吗？
不要放胡萝卜！

专栏 9

成功的管理者身上，有这样共同的性格

美国康奈尔大学的约翰·布鲁迪以欧美的经营管理人员为对象，做了一项关于成功与性格之间关系的调查。

他向1885个人发送了调查问卷，回收率为19%。调查问卷包括年收入、地位、商务中合同完成度、工作的乐趣等。

同时；在性格倾向方面，设置了以下5个问题：

① 神经质倾向程度；②是否属于外向型；③是否开放（对新事物的兴趣）；④性情是否温和；⑤目标的意识度（是否清楚地认识到明确的目标）。

分析结果表明，成功的商务人士拥有某种共同的性格。

首先，最显著的是，“外向型”的人更容易取得成功。特别是在欧洲国家，外向型的人更加成功。

其次，经证实的是，“神经质倾向”低的人，年收入更高，地位也更高。信任别人的人更容易取得成功。

第三，经证实的是，“性情温和的人”更容易成功。因为性情温和的人，能够跟任何类型的人和谐相处，对工作的满足感也比较高。

欧美管理人员的性格共通点

1 外向型

2 神经质倾向低

3 性情温和

（出自：Boudreau,J.W.,et al.）

专栏 10

智商的高低和性格之间有怎样的关联

我们经常说聪明、不聪明，通常所说的代表“聪明”的智商，与性格之间有着什么样的关联呢?

围绕这一课题，苏格兰爱丁堡大学的心理学家伊丽莎白·奥斯汀发表了一篇有趣的研究论文。

调查对象先接受语言能力、数学能力和文章能力测试，从测试结果判断他们的智商。并且让他们做了各种各样的心理测试，验证了性格方面特征和智商之间的关系。

结果如下：

不撒谎的人智商比较高。

撒谎的人可能会被认为智商高，其实不然。

易怒的人智商低。

能够控制怒气的人智商比较高。

抑郁程度高的人智商低。

容易后悔的人自我意识过剩，八面玲珑和老好人智商一般比较低。

如果你发现自己是其中一种，也可以通过有意识的改变来提高智商。

智商（语言能力·数学·文章能力）高的人·低的人

- 不撒谎的人智商高
- 易怒的人智商低
- 容易接受新事物、新知识的人智商高
- 性情过于温和的人（八面玲珑·老好人）一般智商低
- 轻易服从他人意见的人智商低
- 抑郁程度高的人智商低
- 自我意识过剩的人智商低

（出自：Austin,E.J.,et al.）

第6章

最大限度提高自身能力！

“突破自我的心理战术”

众所周知，在体育世界中，当选手达到能参加奥运会水平后，
彼此之间实力其实也就相差无几了。
那么，什么决定胜负呢？那就是心理的强度。
坚信自己绝对能拿到冠军，
或者就算偶有失误，也能立刻调整心情。
也就是说，擅长“控制心理”的人，才能够提高自身的能力。

自我控制① 自我暗示

拥有更鲜明、更具体想象的人容易成功

正如“人只能在自己所能想象到的范围内取得成功”所说的那样，没有明确意象的人，是不可能成功的。

据说，棒球界的超级明星长鸠茂雄在役时期，每天睡觉前都一定抱有这样的想象：“明天的比赛，一定是4 打数（击球次数）、4安打(安全打)、4 打点（击球得分）。守卫连续出妙计，观众看了非常高兴。”

也许有人会惊讶，长鸠的想象竟然这么具体。但成功的想象是不允许有半点模糊的。

美国密歇根大学有一位名叫芭芭拉·伏丽莎的心理学家。她为了调查个人想象的难易程度和鲜明度，分别对以下三组人做了想象力的心理测试。

① 能想象出人的说话声音、气味等，擅长想象的小组

② 不太擅长想象的小组

③ 根本不懂想象为何物，甚至想不起人的容貌的小组。

结果，擅长想象的小组，生活中成功的人比较多。

努力使脑海中浮现出清晰的图像，可以提高自我暗示时的效果。并且，这种领会方法只能通过训练得到。

那么，应该做什么样的训练呢？例如，反复看几次窗外的风景，然后闭上眼睛，试试看能不能清晰地回想出那个画面。犹如收入照相机般，使场景在眼睑里面浮现出来这种训练方法，是用于培养间谍的想象训练法。用这一方法进行训练，想象力会得到飞跃性提高。

自我控制② 空想习惯

空想习惯可以产生灵活的思维

不失赤子之心的人，能够清晰地描述出自己理想的人，通常拥有独特的思维，容易在放松的状态下顺利走向成功。

美国俄亥俄大学的心理学教授史蒂芬·迪恩，做了这样一项调查，调查了个人发明家以及拥有很多专利的人们的思维习惯。

他以1403名被公认为思维活跃的人、科学家、专利拥有者为对象，调查了他们的日常习惯。

结果显示，他们思维活跃的最显著指标，是“空想习惯”。与人谈话时，脑中会不由得浮现出某种图像。

拥有这种习惯的典型人物，是被称为万物之天才的列奥纳多·达·芬奇，据说他在与人交谈或思考事情时，脑中一定会浮现出某种图像。

也许因为达·芬奇比较擅长画画，于是顺手把那种图像勾勒了出来。

也就是说，要想使思维变得灵活，应该首先养成不停空想的习惯。

史蒂芬·迪恩教授的调查结果显示，拥有空想习惯的人，思维更加灵活。

能提出独特创意的人，和空想习惯之间，似乎有着极其密切的关联。

尽管这会导致我们去怀疑常识，但是，为什么有了空想的习惯，人就会比较容易想到原本想不到的创意呢？碰了壁，正在苦苦挣扎的人，恐怕是没有图像式空想习惯吧！

自我控制③ 解压法

用图像训练法驱赶压力

不安和压力的根源，其实大多是杞人忧天。但是，不安情绪却迟迟无法排遣。正因如此，掌握一个驱赶不安情绪的方法尤为重要。

当大脑被不安和压力等负面情绪占据时，无论做什么都不顺利。下面介绍一种改善这种状态的方法，即P. 克莱门茨所提倡的“太阳与积雨云”训练法。

首先，尽量选一个能使身体完全放松的场所。然后闭上眼睛，慢慢地做深呼吸。充分放松后，在脑海中浮现出一块雪白的帆布，然后想象出积雨云滚滚升腾起来的场面。

然后，接着想象太阳推开积雨云，缓缓地探出头的场面。刺眼的太阳下面，已看不见一片积雨云，只剩下碧蓝的天空和金光闪闪的太阳。在脑海中勾勒出这样的画面。

这种暗示法的效果在于，通过太阳所象征的正面情绪，把积雨云所象征的负面情绪驱赶走，起到鼓起勇气的作用。

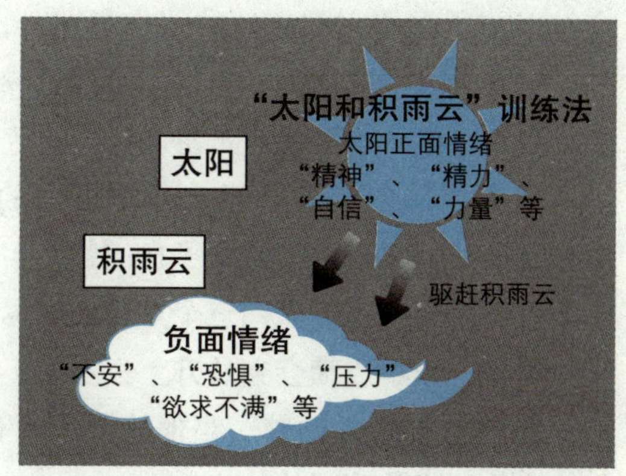

把这个情节从头到尾在脑海中演示5次左右，自信和活力就会回到你身边。

突破技能① 障碍突破

只有“不轻言放弃”的人，才能突破障碍，获得成长

如果用图表把人突破障碍的状态展现出来，将不是流线型上升的斜线。与我们平常学习的曲线不同，它是呈阶梯状上升的。

阶梯平台呈现平稳状态，在这期间，努力也出不来成果，只有到了某一时刻，瞬间爆发性增长。这就是突破技能。障碍是瞬间跨越的。

再次碰壁后，依然会持续一段时间的平稳状态。这时，无论怎么努力，都不可能形成上升的斜线。可是如果不继续努力，将无法再次突破障碍。

因此，能够不断突破障碍的人，是在状态平稳时，仍然毫不气馁地继续付出努力的人。

从心理学角度来讲，无法预料这种平稳状态会持续多长时间。

还有心理学家认为，在做了各种各样的研究之后，如果不经历拼命把以前所有研究都忘掉的“忘却期”，将无法迎来“爆发期”。另外，也有心理学家认为，当把一切都思考透彻以后，“爆发期”就会到来。目前，这一点还没有定论。

笔者更倾向于忘却说。数学能力的提升方法不是与之比较相似吗？例如，如果说今天做会了10道题，实力就会有相应的提高，其实根本不可能。连续这样做两三个月，成绩也不可能有所提高。但是，到了某一时刻，数学成绩会突然升上去。

牛顿也曾经碰过壁。当他放弃了所有的研究，整日稀里糊涂的时候，天使便降临到了他的头上。

突破技能② 试行&错误

可以用“试行&错误”突破障碍

很遗憾，100%保证突破障碍的方法不存在。因此，应该尽量多掌握一些突破方法。根据不同的状况，灵活运用这些方法，是最好的适应法。

从结果来看，任何事都不过是试行错误。试验某一种方法，也许是错误的。然后再试一次。一直这样循环往复。

试行错误也分高明和不高明。高明的人不仅拥有很多个选项，而且善于发现错误。只要能认识到自己失败的原因，自然就会有改善对策，因为可以找出原因在哪里。

经常会在就职信息杂志等上面看到诸如“30岁之前，换工作一定不要超过3次”等断章取义的内容。笔者认为并非如此，年轻人就要尝试多种多样的可能性，如果觉得不合适，一直换工作就好了。

以前，人们轻视这种试行错误的行为，会展开一番说教。但是，在现代，那一套已经不再适用了。

生活在现代的人们，由于选择太多，不知道到底应该往哪里走，感到极度不安。但是，既然想也想不明白，倒不如索性边走边看。如果这条路走不通，那就换到别的路上好了。试行错误的精神非常必要，它是突破障碍的最大武器。

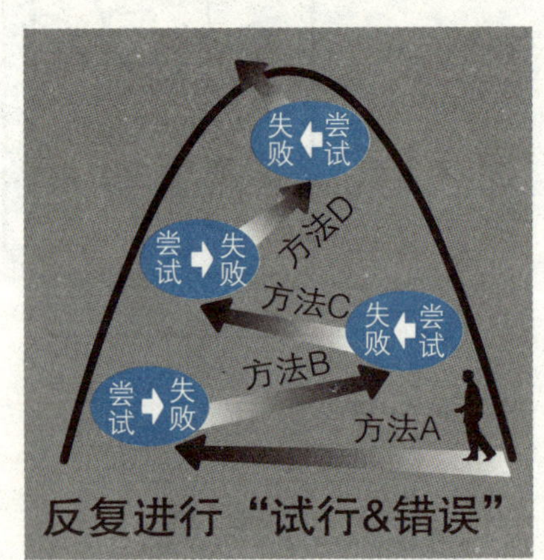

反复进行“试行&错误”

突破技能③ 持续力量

体会到的“喜悦”，能够转化为继续前进的能量

是否认为这份工作对自己而言是天职，对动力有极大的影响。只要感觉到乐趣，就能够一直持续下去。

为什么坚持很难？理由很简单，因为努力的过程太乏味。不喜欢一个人挥着球棒练习棒球的球员，不可能有大成就。同样，如果努力的过程对某人来说很无趣，那他将无法坚持做任何事。

商务世界也同样如此。不妨问一下自己，是否在开心地投入到工作或项目中。

人如果很享受自己正在做的事，就可以一直坚持做下去。心理学上，把像这样只能看到眼前需要去做的事，并且能够放松地发挥出最好的表现的状况，称为“圣城状态”。

美国运动心理学家卡伦·舒格曼，以众多调查为基础，列出了达成圣城状态的3个必要条件。

① 完全放松，身体上没有任何多余的紧张

② 相信自己一定能成功的信心

③ 集中精力

我们经常进入圣城状态的时候，大都是正在做自己很享受的事。记住自己沉浸在兴趣中的场面，通过把它清楚地回忆出来，工作就会也很容易进入这种状态。

进入圣城状态的3个条件

❶ 完全放松
（身体上没有任何多余的紧张）

❷ 自信心高
（相信自己一定能成功的信心）

❸ 集中精力

让心灵强大起来的方法① 放松

“没关系”比“冷静”更能稳定动摇的心理

能使心灵安定下来的词语是“没关系”。反之，如果用“冷静”，反而会冷静不下来。需要平息动摇的心理时，可以反复给自己做心理暗示。

1980年1月19日凌晨，预计降落在韩国金浦机场的韩国航空大型喷气式飞机发生了着陆失败的事故。这次事故之后，心理学家三隅二不二和佐古秀一采访了当时的乘客，对“乘务员什么样的话让你放下心来”这一问题的调查结果显示，说“没关系”的时候，有67%的人因此放心了。

能让我们放松下来的词语是“没关系”。

试着对自己做心理暗示：“不擅长在人前演讲……没关系！”“很怕跳进销售……没关系！”“很怕向领导表达意见……没关系！”当别人用“没关系”鼓励自己时，效果很好，自己对自己说“没关系”，心也能充分平静下来。如果这样还是无法平静，只需一直重复对自己说“没关系”即可，100次、200次，在心中默念“没关系”，直到平静下来为止。

做心理暗示时，无论如何都要坚定。此外还有一点很重要，即不要做负面心理暗示。如果心理暗示是“虽然我很想相信没关系，还是好可怕呀”，“可怕”会被强化。

做心理暗示时，“冷静”这个词不好。“冷静”一词的反面，隐藏着“可是，现在的自己，就是‘冷静不下来’”的负面因素，而且这些负面因素很可能被强化。

没关系
冷静

让心灵强大起来的方法② 直觉

提高直觉和想象力的“I think 法”

心理学上，把全面把握自己的兴趣、心理状态称为“自我意识”。像别人观察自己一样，认真审视一下自己吧！

自我意识，顾名思义，是对自己的认识。具体来讲，就是能够像第三者观察自己一样，观察自己的能力。

通过不停地自问自答：“自己现在的心情是？”“别人怎么看现在的自己？”自我意识就能得到提高。

养成审视自己的习惯后，“啊，我现在正在生气”，或者“我现在非常开心”等情绪会变得明确，然后就可以对这类情绪加以控制。

有一个任何人都能轻易做到、有助于提高自我意识的训练法，那就是被称为“I think 法”的方法。

这个方法就是，故意有意识地把“我的想法是……”或“我认为……”等说出来，使自己的意见和情绪清晰起来。

“我今天，必须抓紧做的事是……”

“我中午最想吃的是……”

就像这样，一边思考，一边提出自己的意见。通过跟自己对话，明确感情所在。就好像两个人在对话一样，这种在心里和自己对话的方法，也被称为“内言语法（Inner Dialogue 法）”。据说，通过做这样的训练，不仅能够顺利地进行情绪管理，还能锻炼直觉、想象力、企划能力，是非常实用的心理暗示法。

让心灵强大起来的方法③ 感情力

使“感情三要素”增强的训练方法

我们的感情，跟肌肉一样，可以通过训练变得更强。相反，如果不做感情训练，就会像偷懒时的肌肉一样，一直处于软弱状态。

感情跟肌肉一样，可以随着锻炼变得更强。指出这一点的是美国心理学家詹姆斯·罗安博士。有一个术语叫心灵韧性，要想提高心灵韧性，最好的办法是像训练肌肉一样，训练一下自己的心灵。

具体来讲，罗安博士建议采用下面的训练方法。虽然笼统称为感情，但因为其中包含了三种因素，不能只做一种训练，而是要平衡配合起来，锻炼感情整体，从而打造一颗强韧的心。

① 锻炼感情的“反响度”

感情的反响度，是指变得“生气勃勃”。锻炼感情的反响度，需要把感情转移到电视剧或小说的主人公身上，和他们一起哭，一起笑。

② 锻炼感情的“强度”

通过故意把自己逼进能感受到压力的危机状况中，会逐渐习惯压力。

③ 锻炼感情的“抵抗性”

做到无论多么失望、悲伤，一天过后就忘得一干二净，立刻恢复到原来状态。

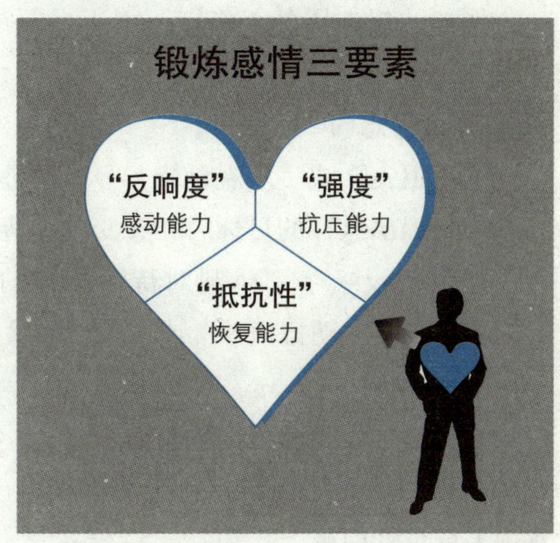

目标设定① 设定法则

为达到目标而体会的“目标设定法则”

制订行动计划时，必须设定一个切实可行的目标。因为如果目标不清楚，会导致无法达成。

目标设定方面，至少有5个需要遵守的法则。如果无视这些法则，即使目标设定出来了，也很难达成。

① 现实

最重要的是，不要提出过于理想化的目标。

作为长期目标，“当上总理大臣”或“希望成为受万人尊敬的人”这种目标，或许无可厚非。但在短期计划中，则不能出现这种不切实际的目标。

② 具体

目标不能抽象化，应尽量具体一些。

例如“想去国外工作”，由于目标过于抽象，无法提高干劲儿。“想去上海工作半年”，则更为具体。

③ 行为志向

“不沮丧”或“乐观对待”等，就是这样的目标。

一旦提出这样的目标后，会变得不清楚自己已经做过多少努力。

如果想设一个“乐观对待”这样的目标，不妨转换到行动基础上，“一定要主动打招呼”或“大声回答别人”等。

④ 可预料

目标必须设定为可以预料的东西。

因为如果无法预料，就无法审视自己进步了多少、在多大程度上实现了自我管理等。

⑤ 确定时间

这是最重要的一点，应先确定要“到什么时候”完成任务。如果不确定时间，很可能永远都无法完成。

达成目标，是在两周后，还是一个月后。提前确定这一点，在时间范围之内设定一个行动计划。

如果是短期目标，确定在三个月后甚至更长时间以后的话，就会渐渐失去干劲儿。因此，确定时间时，应尽量设定能在1～2个月内完成的目标。

当然，计划需要付诸实施。无论设定的目标多么宏伟，如果不实施，再加上没有干到底的毅力，则绝对不可能完成任务。

正确的目标设定法则

1 现实
2 具体
3 行为志向
4 可预料
5 确定时间

目标设定② 目标修正

目标只有经过不断“修正”才能顺利实现

树立起目标后，接下来最重要的是“检查”和“修正”。目标，终归不过是实现某一目的一个工具，因此不需要过分拘泥于保持它的原貌。

虽然在开始行动前，故意把目标定得稍高一点，直到实际行动起来，才发现当初的目标定得太低了的情况经常发生。这时，就需要立即对目标进行修正。修正本身，还具有使记忆鲜明起来的效果。一点一点地修正，每修正一次都会有新鲜的感觉，能够令你时刻意识到计划的存在。虽然把目标写在纸上、贴在墙上看上去还不错，但还是经常会把它忘得一干二净。

不对目标进行修正，直接意味着树立目标的效果变弱。很快就会觉得麻烦，甚至压根不再采取实际行动了。

此外，最初看上去无论如何也实现不了的目标，经过不断修正，先把眼前的小目标一个一个完成，最终全部实现的情况也颇为常见。

请记住以下一点，即目标修正，具有两大功效：一是使你客观地把握自己的行动计划，二是令你一直保持新鲜的感觉。

目标切忌“仅树立，不执行”，这是最不好的。无论什么样的目标，终归都是一种“假设”，不断对它进行修正是无可厚非的。

做事三分钟热度的人最喜欢给自己订立严格的目标，一说到要修正目标，就索性完全弃之不做了。在这种时候，坚定不移地修正目标，是使自己保持干劲的不二法门。

目标设定③　提高士气

用“累积度数的图表”，士气会有大幅提高

要想确认自己离目标还有多远，不妨做一个对照表或图表。这时，最好使用累积度数的图表，而不是普通的柱形图。

累积度数的图表，从“累积”一词可知，是指把以前的数值不断累积起来的图表。也就是说，图表不可能“下降”。

普通的图表，会有线形或柱形的减少，看到这些，我们的干劲儿会骤减。因此，使用一直呈上升状态的累积度数的图表，给人的感觉更好。

实例有助于理解，请看下表。这个表显示的是开始慢跑的人，每个月里每一天跑的距离。

从普通图表可以看出，5月份基本没有跑。尤其是从3月份到5月份之间，图表呈下降趋势，如果看到这里，难免会觉得“什么慢跑，干脆放弃了吧”，立刻失去士气。

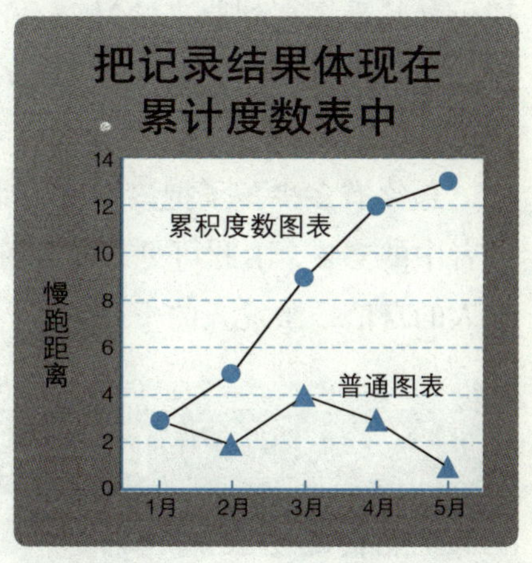

但是，相同的数据以累计度数呈现出来（例如，2月份的数值，是1月份的3公里加上2月份的2公里，就变成了5公里），图表就一直呈上升态势，就比较容易提高士气。

目标设定④ 目标分割

目标应尽量设定得小一些，清晰易懂

容易碰壁的人，往往会有一开始就想实现宏大的目标，且这种心情过于强烈的倾向。毕竟，人在面对过于宏大的目标时，往往会失去干劲。

工作中也是一样。过于宏大的目标、远大的目标、困难的目标，反而只能成为负面因素。因此，一开始的目标定得稍小一点是最好的。

美国斯坦福大学的心理学家阿鲁巴德·巴尼德拉和同事德鲁·亨克以年幼儿童为对象，做了这样一个实验。以一本数学练习集为题目，一组的目标设定为“每天完成6页”，而另一组的目标设定为“一共完成258页”。

首先，在能否耐心坚持下来这一点上，前者的改良率为90%。例如，在此之前一天只能完成1页的孩子，现在每天可以完成2页了。可以说干劲几乎提高到原来的2倍。另一方面，后者的改良率仅为22%。由这一结果可以看出，被赋予每天6页这一容易实现的目标后，孩子们变得更有干劲了。

最终有多少孩子把该本练习集做完了呢？结果是，前者中的74%，后者中的55%。由此可见，把目标定得尽量小一些、实际一些，能够增加人的自信，激发人的干劲。

目标实现的原因

1 能否耐心坚持下来？

近目标 +90%改良
远目标 +22%改良

2 知识兴趣

近目标 +90%改良
远目标 +40%改良

3 完成程度

近目标 74%完成
远目标 55%完成

（出自：Bandun,A.&Schunk,D.H.）

目标设定⑤ 防止偷工减料

用“至少”一词，防止偷工减料

设定目标时，“至少”一词很便利。令人不可思议的是，当目标被分解为若干个小目标后，士气竟然有了前所未有的提高。

例如，决定“至少做20个俯卧撑”,或者“至少读1小时书”之后，就可以灵活地实施计划了。一旦确定下来“×次”这样一个明确的数字后，就会产生“只能做够这些”的偷懒心理，相对而言，确定了“至少”这样一个目标后，在有余力的情况下，还能超额完成这个目标。

“每天下班回家后，至少花1小时在资格考试学习上。”

“至少利用每天上下班的2个小时做联想训练。”

“至少给10个人打电话，争取订单。”

这种方法可以用于各种目标设定。

这种方法的关键在于先设定若干个小目标，当自己超额完成任务后，还能起到增加自信的效果，认为“自己竟然这么能干”。

设定目标，如果最开始的阶段无论如何都完不成，就会灰心，失去干劲儿。为避免这种情况出现，应把目标设定得小一些，用“至少完成这些”的表达方式去设定目标就好了。

顺便补充一下，这种技巧，还被作为交涉技巧得到广泛应用，当双方意见出现分歧时，还可以说“至少把项目A谈妥”。由于无法一口气把所有的项目敲定下来，不妨使用“至少”的表达方式，先从容易实现的地方入手。

提速方法 做游戏

当工作量过大时，不妨用“做游戏”的心态对待

如果工作量过大，只想起这些就会觉得很烦。让我们来思考一下，这种时候，怎么做才能使自己的心情变好呢?

首先，希望各位理解的一点是，无论需处理的工作量多么大，即使是多得令人无法置信的工作，其实“肉体并不会觉得多么累”。

根据心理学数据的证实，我们的身体其实非常结实，无论多么残酷驱使都不要紧。

我们的身体，无论是走路，还是提重物，就算本人再怎么努力，也只能用到30%的力气。因为如果用力超过30%，就有可能伤害到肌肉，身体会自动刹车。

所以，就算已经非常努力工作，也相当于有70%的肉体在偷懒，肉体不可能过于劳累。

那么，人为什么会感到累呢？原因在于心累。“哎，这么多工作，根本做不完嘛”，心理崩溃的瞬间，强烈的疲劳感就会袭来。反之，只要心理上岿然不动，就不可能有疲劳、困倦。

防止心理崩溃的战术之一，是把工作当成“游戏”的思维方法。

不要怀疑“会那么简单吗？”请相信这一点。游戏中，一定会有攻略法，把工作当成游戏后，各种智慧就会涌现出来。这样一来，工作就不再是令人讨厌的敌人了，变成令人乐于参与的一项冒险了。

商务战国时代游戏
把那项工作交给
部下铃木吧!
G-mate

能力开发① 提高智商

灵活运用4种能力，人际关系将日趋完美

在和他人搞好关系方面，有的人能发挥超乎寻常的才能。这种跟任何人都能很快熟络起来、融洽相处的能力，在心理学上被称为“社会能力”。

社会能力高的人，人际关系中不会出现摩擦。由于他们与任何人都能愉快相处，所以生活中也会特别幸福。

下面，我们将围绕“如何提高社会能力”进行分析探讨。需要锻炼哪种能力呢?

美国心理学家H·卡德纳和T·哈奇，研究了人际关系中的重要能力，发现它由以下4个因素组成。

① 组织能力

建立人际关系网，并对其进行调整的能力，同时也是领导所不可欠缺的能力。

常见于表演艺术家、导演、各类企业中有才能的代表者身上。小孩子们中间，总是决定“玩什么游戏”的领导人物，也具备这种能力。

② 交涉能力

防范争吵于未然，当纠纷已经发生时出面制止，适当解决问题的能力。

具备这种能力的人，擅长敲定大笔交易，擅长解决纠纷，是外交官、法官所必不可少的资质。

③ 协作能力

能对他人产生强烈的共鸣，与对方保持默契的能力。

拥有这种能力的人，善于建立新的人际关系，能够应付各种类型的人。具备优秀的协作能力的人，适合从事销售、运营、学校的教师等工作。

由于跟任何人都能很快熟络起来，融洽相处，也会比较受异性欢迎。

④ 分析能力

准确看穿他人的情绪、动机、兴趣等的能力。

由于可以解读对方的意图或心声，从而提前采取行动，就省去了对方的麻烦，会让人觉得人品很好。适合做治疗师和职业咨询员，如果再加上写文章的才能，也能做小说家或编剧等。

这4种能力，是建立起完美人际关系的必要因素。

日常生活中与人相处时，不妨对照一下自己，看自己是否能好好运用这些能力。

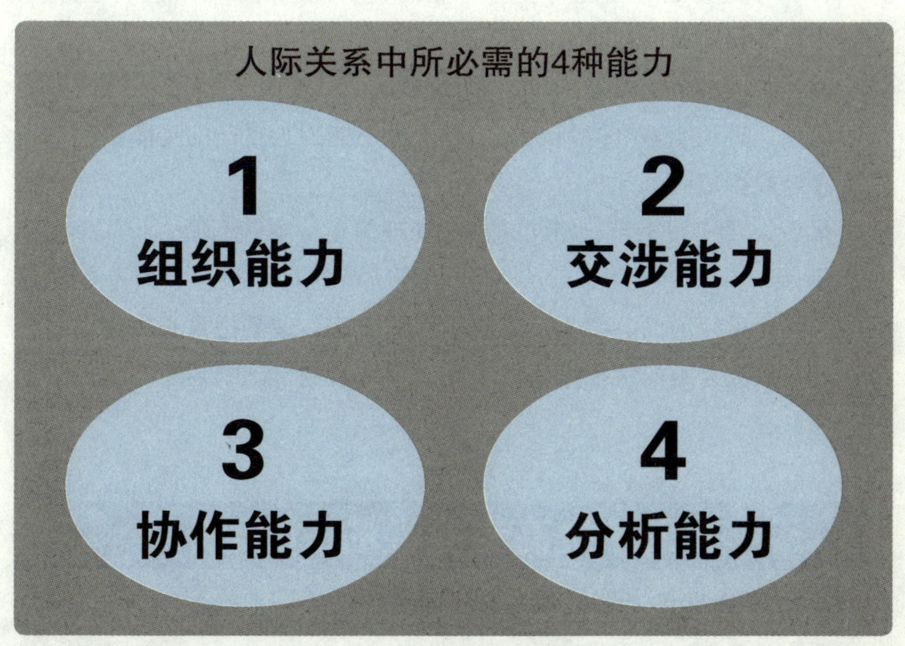

能力开发② 提高专业性

帮助你成为专家的3个要诀

博士、医生、律师等，所有的专家身上都有一定的共同特征。掌握了这些，可以进一步提高你的专业能力。

美国芝加哥大学商务学的海耶·艾亨博士调查了医生等专家的共同特征，分析了顺利提升专业技能的窍门。他指出成为专家有3个要诀。

首先，是物品分类能力。这一点的重要性已经得到证实，把对象分到几种不同领域内的能力是不可欠缺的。

其次，是坚持一贯的判断。即使状况发生变化，也能不被这种变化所迷惑，必须能够维持判断的轴心。也不能因为自己的身体状况，去任意肯定或否定一个判断。

最后，要使用相当、相同的方法处理信息，不偏不倚。

例如，有10个报告时，专家会同等看待这10个报告。而专业性较低的人容易重视前面2～3本，采取偏颇的看法，或是把重心放在显眼的东西上，只被显眼的特征吸引住眼光，导致影响自己的判断。

有助于提高专业性的3个要诀

1. 物品分类能力
2. 能坚持一贯的判断的能力
3. 用相同的方法为所有信息分配比重

（出自：Einhorn,H,J.）

能力开发③ 提高积极性

“出于义务工作”与“出于喜欢工作”的不同之处

如果做任何事都不开心，就会产生多余的担心，产生不满。如果工作时很不情愿，倒不如一开始就不要做。

当工作变成一种义务，就无法获得真正的快乐。如果不是以“因为有趣，所以工作”的心情在工作，就会感到可贵的时间和生命正在被剥夺走。

情绪比较稳定的人，会按照“因为有趣，所以工作”的逻辑工作，决不会认为自己是在被义务感强迫着工作。

工作时，不应该像是被别人在后面推着一样，而是应该自己积极地向前推进。即使勉强去做一项大的工作，只要不是出于义务感草草了事的心态去做，虽然可能会有些累，但是能够体会到爽快的感觉。

出于义务感被迫做的工作，只会给人留下疲惫感。与此相对，如果自己积极主动去做，满足感、成就感、爽快感、自信等情感会喷涌而出。哪种方式更好，不言而喻。

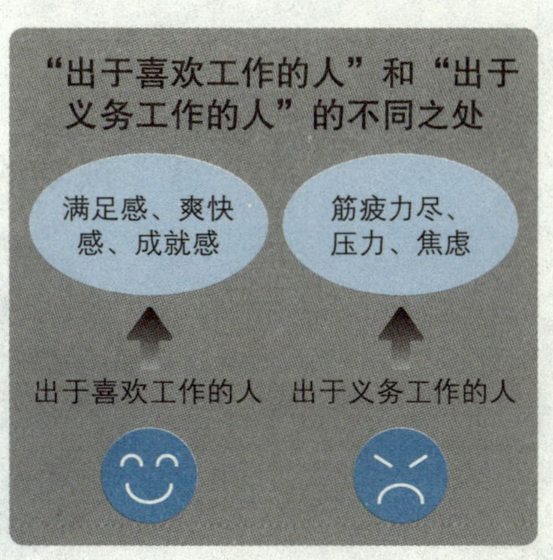

索尼公司的创立者松下幸之助，曾经说过这样一段话：“在公司里面，挣钱的同时还能促进自身的成长，这是值得庆幸的”。

松下先生，正是以这样的心态在工作，每天都神采奕奕，从来没有感到过筋疲力尽。

专栏 11

占据成功要素50%的是什么

性格积极，与商业上的成功之间有着什么样的关系呢？

美国圣母院大学管理学教授米歇尔·库兰特，围绕这一主题，做了这样的一个调查。

调查对象是131名房地产代理商。他们平均年龄为47岁，拥有大约8年的工作经验。

调查主要有2个内容。

首先是他们的性格，主要看“能否把销售业绩提高到水平线以上”和“是否曾经因失败而颓废”这两点。

其次，是实际的销售业绩，把“卖过的房子数量”和“平均收入（9个月的平均值）”数字化。

结果显示，商业上的成功要素中，约有一半是由性格决定的。剩下的一半，与其他各种各样的相关因素有关联，总之，一半是由性格决定的。

一半，可以说是极大的比重了。

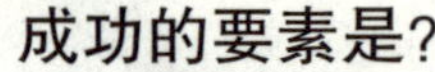

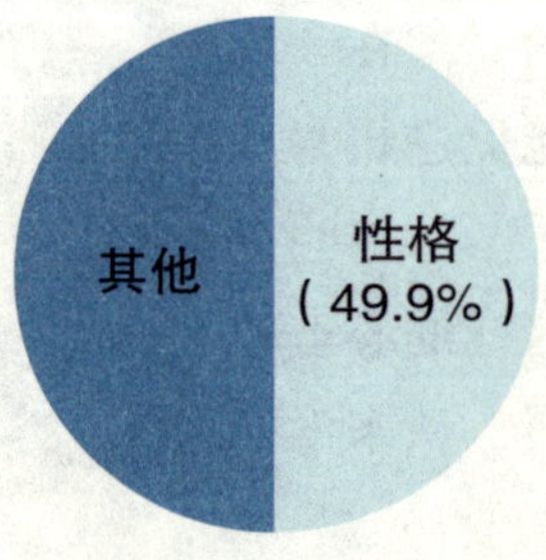

（出自：Crant,M.J.）

专栏 12

突破“常识的壁垒”后，你会发现机会就在眼前

以前，日本的啤酒生产商，深信向国家缴纳酒税这一点是万万不可动摇的。

一个啤酒厂的年轻研发人员，首先开始怀疑这一常识。后来，他又发现降低啤酒的酒精度数，就能降低酒税。于是他成功研发出了口味与啤酒几乎没有区别的发泡酒。

柴油车散播公害这件事，也曾一度成为热门话题。直到欧洲研发出了性能卓越的柴油发动机，如今柴油车的运行数据比汽油车还要好，以前的常识已经完全不适用了。

在欧洲，柴油车比汽油车还要畅销，因为柴油的价格仅是汽油的一半。在美国那么畅销的丰田和本田，在欧洲市场的销售大战之所以打得那么艰难，很大一部分原因就在这里。

像前面举出事例那样，试着怀疑你所坚信的东西，商业机会将会得到无限扩大。

你知道怀疑常识，以及逼问常识的重要性吗？进一步说，这里不允许犹豫不决。经别人提醒后，才觉得“啊，原来如此”的事例实在不胜枚举。例如，近来广为流传的日基产业等，就是典型的例子。

无论什么样的产业，刚起步时的规模都是很小的。“先一点点试试”、“尝试一下”，以这样轻松的心情开始干就好了。

图书在版编目（CIP）数据

商战心理操控术：3秒钟控制对方 / (日) 内藤谊人著；赵净净译. -- 海口：南海出版公司, 2013.11
ISBN 978-7-5442-6835-6

Ⅰ. ①商… Ⅱ. ①内… ②赵… Ⅲ. ①商业心理学
Ⅳ. ①F713.55

中国版本图书馆CIP数据核字(2013)第224371号

著作权合同登记号　图字：30-2013-118
TITLE：ZUKAI 3 BYO DE AITE WO AYATSURU! BUSINESS SHINRIJUTSU JITEN
BY：YOSHIHITO NAITO

商战心理操控术：3秒钟控制对方

策划制作　北京书锦缘咨询有限公司（www.booklink.com.cn）
总 策 划　陈　庆
策　　划　曹洪峰

编　　著　［日］内藤谊人
译　　者　赵净净
责任编辑　张　媛　李凤君
装帧设计　季传亮
出版发行　南海出版公司 电话：（0898）66568508（出版）65350227（发行）
社　　址　海南省海口市海秀中路51号星华大厦五楼　邮编：570206
电子信箱　nhpublishing@163.com
经　　销　新华书店
印　　刷　北京世汉凌云印刷有限公司
开　　本　889毫米×1194毫米　1/16
印　　张　12
字　　数　130千
版　　次　2013年11月第1版　2013年11月第1次印刷
书　　号　ISBN 978-7-5442-6835-6
定　　价　32.00元

精品图书推荐

推荐指数：★★★★★

《CEO巅峰对决：乔布斯VS比尔·盖茨》

内容简介

苹果的创始人史蒂夫·乔布斯和微软的创始人比尔·盖茨。二人都是个性鲜明、卓尔不群、各领一时风骚的经营者。他们是改变世界的天才，是令员工又爱又怕的老板，是让合伙人头疼的搭档，也是20世纪最杰出的经营者代表。

本书通过比较，解读二者具有的12种与众不同的能力。从大胆的行事风格、经营者的判断能力，到与部下及外部的沟通能力、击败对手的摧毁能力，本书将一一为您解读，各种趣闻轶事穿插其中，娓娓道来。

《做好领导的九大"赢"招》

内容简介

该书是日本Celebrain公司董事长高城幸司所著的管理图书。高城幸司现经营着包括人事咨询公司在内的三家公司，在强化销售能力、构建高效率团队方面极有建树，受到业界肯定。

本书是为那些没有当领导的打算、认为自己不适合当领导的人"量身定做"的，以作者自己的经验为基础，对"领导者应该做什么"这一课题进行了整理和系统化，并以一目了然的案例和图表形式呈现。作者很明确地提出了领导者的职责和应该具备的资质，理清了很多常见的职场误区，并以Q&A的形式解答了作为领导常有的疑问，是一本能令人有所收获的职场管理书。

精品图书推荐

推荐指数：★★★★★

《美莉安营销日记》

内容简介

27岁的远藤美莉安，从大型食品公司的销售部跳槽到了日本最大的互联网专职代理公司，成了一名社交媒体市场营销部门的员工。虽然此前对网络营销一窍不通，但充满干劲的美莉安在良师益友的帮助下，在一个接一个的案例中如饥似渴地学习着，飞速成长为一名合格的社交媒体市场营销员。

《用"图"说话：高效员工这样做》

内容简介

在日复一日的工作中，你是否常常遇到思路枯竭的时候，又或者是想法太多，不知道从何下手？不论是在生活还是职场中，有用独立思考的能力，已成为生存的必要条件，那么，如何才能强化思维与沟通听能力呢？本书给出的答案就是，要做一个善于用图形来思考的人，养成以图形思考的习惯。以图形为武器，让自己的想法和思路变得更加系统有条理。

精品图书推荐

推荐指数：★★★★★

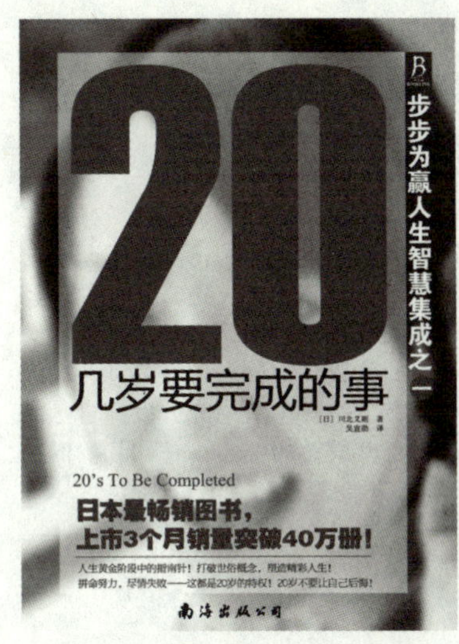

《步步为赢 人生智慧集成之一 20几岁要完成的事》

内容简介

年轻是人生中第一笔宝贵的财富。谁不在年轻时梦想自己能有一个绚丽多彩的人生，誓做一个有理想、有追求的有为青年。该如何善用这笔财富来度过自己人生中至关重要的阶段呢？该怎样处理好学习、工作、生活，树立起自己的人生态度呢？20岁不要让自己后悔！

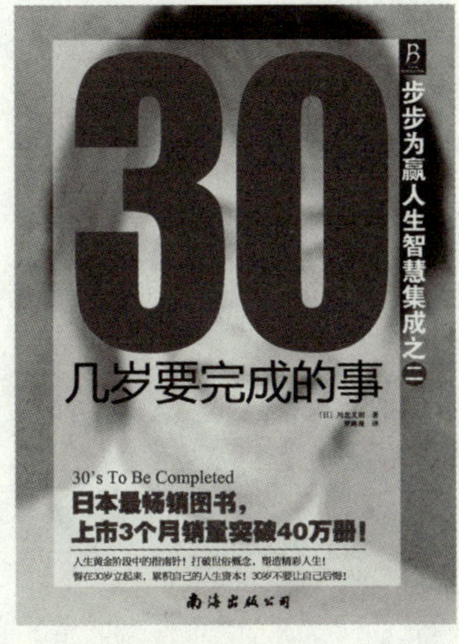

《步步为赢 人生智慧集成之二 30几岁要完成的事》

内容简介

30岁是人生中最重要的时期。成家立业、结婚生子，人生当中的重要决定和重要转折都是在这个阶段确立的。如何实现自己的人生价值，成为一个能够独当一面、受人信赖的人，30岁是锻炼能力、提升自我最关键的时期。30岁不要让自己后悔！

精品图书推荐

推荐指数：★★★★★

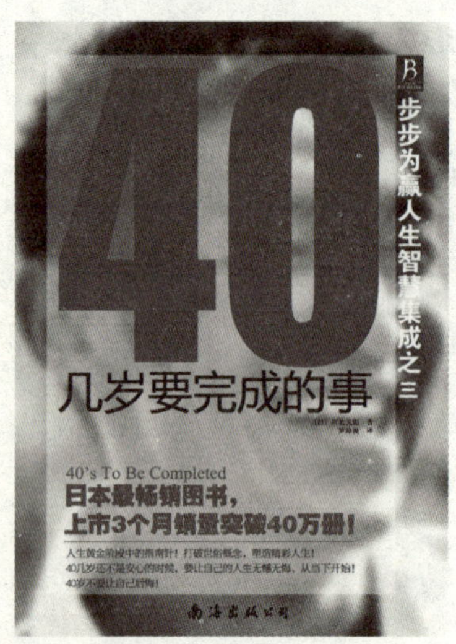

《步步为赢 人生智慧集成之三 40几岁要完成的事》

内容简介

子曾经曰过，人生四十而不惑。40岁是人生充实、经验丰富、厚积薄发、不断走向成熟的年龄段。但“不惑”终究是一种理想状态，40岁同样也是面临诸多烦恼，是充满压力和不安的阶段。如何处理好各种各样的人际关系，在工作与生活中充分发挥自己的能力，打造自己成熟的魅力，是40几岁的重要课题。40岁不要让自己后悔！

《我，不绝望》

内容简介

二十四岁的上智大学研究生大野更纱，立志于研究缅甸难民问题，却突患世界罕见的疑难病症，从此沦为“医疗难民”。她要面对的不仅是伤痕累累的身体、痛苦的检查、拮据的经济状况，还有社会保障制度的深渊、生活的不便、医生的不通人情。

每活过一天都如此艰难！大野更纱却用诙谐幽默的文字记录下了她生如炼狱的日子，写下了她在医院里的冒险、恋爱与奋斗。